松阪大学地域社会研究所叢書5

21世紀地方都市の活性化
――松阪市と小田原市の比較研究――

阪上順夫［著］

和泉書院

はしがき

　私が、松阪市と関わるようになったのは、7年前（1996年）に松阪大学に赴任してからである。松阪市は、蒲生氏郷が築城し、学問の先達本居宣長を育て、三井高利ら松阪商人の出身地という、歴史・文化の豊かなまちである。そして、私にとっては、何よりも尊敬する政治家尾崎行雄の地元であった。その上、温暖な気候、松阪牛を初めとする山海の美味に恵まれ、人情の暖かい住み良いまちである。私は、このような松阪に縁を作って頂けた、松阪大学の梅村光弘前学長、中井良宏学長に心から感謝している。

　松阪大学に大学院が設置され、私は、「政策過程論」を担当するようになったが、出来るだけ地元松阪市に関係してテーマを選び、少しでも地域貢献に役立てるとともに、院生にも地域理解を持ってもらいたいと考えた。たまたま私は、かって小田原市を調査したことが縁で、小田原市のPRの一役を担う「小田原評定衆」に任じられていた。考えて見ると、松阪市と小田原市は、多くの共通点があった。古い城下町であり、参宮街道と東海道の宿場町、蒲生氏郷と北条早雲、本居宣長と二宮尊徳という歴史的人物、など。そこで、松阪市と小田原市の比較研究を行い、松阪市のまちづくりを考えたいと思った。ところが、院生は、3人で、松阪市役所に勤める1人を除いて、松阪の出身者は居なかった。そこで市民からも参加者を募りたいと考え、地元紙「夕刊三重」に相談して、記事に取り上げて頂いた。そのため、10人以上の市民が参加して頂いたが、夜間授業ということもあり、最後まで残ったのは、県庁・市役所などを定年退職された川口・坂井・山崎の3氏であった。幸い松阪市と小田原市からは、全面的なご協力を頂き、1年がかりで「提言」を含む論文をまとめることができた。

　私が、市民活動やまちづくりに関わるようになったのは、1978年、住んでい

た東京都東久留米市で、元暴力団の土建業者により、助役まで巻き込んだ汚職事件が、二度にわたって繰り返され、「東久留米黒い霧事件」と大々的に報道された事件を契機にしている。市政刷新に多くの市民団体が立ち上がったが、学者・文化人も立ち上がれという呼び掛けで、松原治郎東大教授や若林正夫一橋大教授らとともに30余人が集まり、市民へのアピールを出したりした。私も、その一人となったのが、市民活動への切っ掛けとなった。地域活動に参加するには、何らかの切っ掛けが必要で、まちづくりには、どのようにして参加させる切っ掛けづくりを行うかが鍵になる。その後、この動きは、「ふるさとを創る会」の設立となり、私の実践も、タウン誌づくり、子供の王国、高齢社会を考える会、全国的なふるさとづくり運動（あしたの日本を創る協会）などに広がっていった。

　21世紀となり、日本は、バブル経済崩壊後の膨大な借金をかかえ、国も地方も財政難に喘いでいる。その上、少子高齢化の波が押し寄せている。長期不況に、国民の負担増、高齢化による税収の減少などが重なり、行政主導のまちづくりは、出来なくなって来ている。今後は、いかに住民が主体となって、まちづくりを進めるかが、地域活性化の鍵となる。その上、日本は、史上初めて、人口減少という新しい事態に直面する。20世紀の日本は、人口を倍増させる中で、高度経済成長を遂げてきた。今後百年で、日本の人口は、半減すると予想されている。これだけ急激な人口減少は、経済規模を縮小させ、機能や人口を大都市に集中させると予想される。地方都市は、余程効果的な活性化策を採らなければ、衰退や過疎化の波に襲われてしまう。本書は、その方策を模索する試みである。

　末筆ながら、本書の刊行にご尽力頂いた松阪大学地域社会研究所の関係者の皆様に厚く感謝の意を表するものである。また、一緒に研究に携わった松阪大学大学院生や市民の皆様、松阪市と小田原市の関係者の皆様に、厚く御礼申し上げます。最後に、本書の編集にご努力頂いた和泉書院の皆様にお礼申し上げます。

　　　2003年1月　　　　　　　　　　　　　　　　　　　阪上　順夫

目　次

はしがき ………………………………………………………………… i

序章　地方都市の危機 ………………………………………………… 1

第1章　地方都市の活性化―松阪市と小田原市の比較研究― ……… 5
　　はじめに ……………………………………………………………… 5
　　1　松阪市と小田原市の共通点 …………………………………… 5
　　2　歴史的遺産・人物をどう生かすか …………………………… 8
　　3　21世紀へのビジョン（総合計画）の比較 …………………… 11
　　4　中心市街地の活性化 …………………………………………… 22
　　5　地域活性化の問題点と課題 …………………………………… 43
　　6　21世紀に向けての提言・提案 ………………………………… 45
　　参考資料 …………………………………………………………… 51

第2章　小田原市政策総合研究所 …………………………………… 79
　　はじめに …………………………………………………………… 79
　　1　小田原市政策総合研究所の概要 ……………………………… 79

第3章　地域の活性化と連携―「まちの駅」を中心に― ………… 95
　　はじめに …………………………………………………………… 95
　　1　21世紀の地方の現状と課題 …………………………………… 96

2　地域の活性化と連携の課題……………………………………106

　　3　まちの駅の効用と現状…………………………………………112

　おわりに―「まちの駅」と地域の連携―…………………………120

第4章　市町村合併の政策的課題―松阪市を中心に―……………123

　はじめに………………………………………………………………123

　　1　今なぜ市町村合併なのか………………………………………124

　　2　市町村合併の歴史的経過の意義………………………………126

　　3　国と地方の財政危機……………………………………………131

　　4　松阪市の現状と課題……………………………………………134

　　5　市町村合併のメリットとデメリット…………………………136

　　6　松阪市をめぐる市町村合併計画の検討………………………141

　　7　合併後の将来像…………………………………………………143

　おわりに―松阪地区の合併問題―…………………………………147

第5章　西さがみ連邦共和国（小田原市、箱根市、真鶴町、湯川原町）
　　　　………………………………………………………………………167

　　1　建国の目的………………………………………………………167

　　2　行動目標（西さがみ連邦共和国憲章から）…………………167

　　3　地域特性…………………………………………………………168

　　4　取り組む事業……………………………………………………168

第6章　少子・高齢化の進行と地方自治体……………………………175

　はじめに………………………………………………………………175

　　1　少子・高齢化の現状と今後……………………………………176

2　少子・高齢化と地方財政 …………………………………180
　　3　三重県における少子・高齢化社会への政策的課題 …………183
　　4　少子・高齢化・人口減少に対する地域の活性化策 …………189
　　5　新松阪市の将来像と課題 …………………………………194
　おわりに―少子・高齢化の進行でこれからどうなるか― ………………198

付（参考資料） …………………………………205

　Ⅰ　その後の「松阪まちづくりセンター」(「まちの駅松阪―寸庵」) ……206
　Ⅱ　歴史と文化、そして松阪牛（三重県松阪市） …………………233
　Ⅲ　小田原評定衆について …………………………………236

序章　地方都市の危機

　21世紀は、日本のみでなく、世界全体が混迷している。戦争の世紀であった20世紀から、世界平和の世紀への願いも虚しく、同時多発テロ事件以後、アフガン紛争が起き、テロとの戦いは、イラク、パレスチナ、チェチェン、など、世界中に広がっている。このままでは、21世紀の世界恒久平和は、夢のまた夢に終りそうである。北朝鮮が、核武装すれば、日本も戦争に巻き込まれかねない。私は、15年戦争（満州事変を始まりとする）の翌年昭和7年（1932）に生れた。このため、私の幼少年時代は、戦争の時代であった。したがって、私は、戦時体制が強まる日中戦争から太平洋戦争を、軍国主義教育を受けながら、物資が不足し、配給制度が作られ、食糧難が進む中で、戦争末期国民学校6年で集団学童疎開を体験した。その体験の中で痛感したことは、戦争が、人間の生命を奪い、財産を破壊してしまうということである。戦争は、二度と繰り返してはならない、これが終戦の時何よりも感じたことであった。21世紀こそ、世界恒久平和をという私の悲願は、累卵の危うさにある。もし万一、朝鮮半島が有事ともなれば、日本に原爆が落ちるかも知れない。私たちが、今日のような経済大国の生活を享受できるのも、戦後半世紀以上に渡って平和を謳歌できたからである。

　21世紀の日本は、戦争がなくとも、決して楽観できるほど、良い情況ではない。バブル経済崩壊後は、空白の10年といわれるほど、日本の失政が目立っている。景気対策として赤字国債を発行しながら公共事業に打ち込んで来たが、景気浮上はならず、いたずらに借金のみを積み上げる結果に終ってしまった。21世紀日本の国と地方は、この20世紀の借金の付けを背負って行かなければならない。小泉首相の構造改革は、まさにこの負債からの脱却を期すものである。しかし、既成の利権関係者が抵抗勢力として立ちはだかり、思うようにはかど

らないのが現実である。地方も財政難は同じである。その地方の赤字財政を補填してきたのが地方交付税であったが、それも借金しながら配分している状況で、国も転換を迫られている。その結果打ち出されたのが、地方分権と市町村合併である。平成12年（2000）4月から実施された地方分権一括法は、国と地方の対等性をうたい、地方の自立、自己決定、自己責任を打ち出した点で画期的なものであったといえるが、その裏付けとなる財源の配分をともなわない中途半端なものであった。それを補完するために打ち出されたのが、市町村合併である。現在の3,200市町村を差当って1,000にまで減らしたいというのが国の狙いである。平成17年（2005）3月を時限とする市町村合併特例法は、合併すれば地方交付税を10年間据え置くというアメと、合併しなければ地方交付税は減らすというムチで、強力に合併を推進している。この「平成の大合併」は、過去の「明治の大合併」「昭和の大合併」と異なり、住民主体という原則が底辺に出されている。このため、国主導で行われた過去の大合併ほど進んでいないが、アメとムチの効果で合併が促進されるのは間違いない。私は、この市町村合併を、財政問題として短絡的に捉えるのではなく、新しいまちづくりの契機として、構造改革を実施すべきであると思う。

　現在の市町村の半数近くは、人口1万人未満の小規模町村である。このままでは、これら小規模町村は、過疎化と高齢化がますます進み、町村として立ち行かなくなる危険がある。自給自足に近い生活で住民が納得できれば問題ないが、国民健康保険や介護保険体制の維持も困難になろう。その意味で、私は、小規模町村の合併は、遂行せざるを得ないと考える。言うまでもなく、市町村合併で、全ての課題が解決するということではない。合併を新しいまちづくりの契機として、構造改革を行う必要がある。市町村のみでなく、国全体として地方制度の在り方を再検討する必要がある。市町村に思い切った権限と財源を委譲することによる地方分権、それに伴う道州制の採用、首都機能移転をどうするか、などの問題が山積している。

　21世紀には、さらに難しい問題が控えている。少子・高齢化の急激な進行と

人口減少という問題である。20世紀の100年間で、日本の人口は約2倍にまで急増した。その人口が、少子化により、21世紀に減少方向に転換する。このままでは、百年間で半減すると予想されている。人口減少でも繁栄できるという楽観的な見解もあるが、私は、特に地方に大きな影響を及ぼすと危惧している。第一に、地方程過疎化と高齢化が進行する。これまでは、いわゆる過疎地と呼ばれる山間地を中心に、人口減少と高齢化が進んだが、これからは地方都市にこの現象が波及すると予想される。第三次産業は、どうしても大都市に集中するので、若い人の雇用の場は、大都市中心となる。人口減少と高齢化は、税収の低下をもたらす。このため、今後の地方都市は、地域の活性化対策に成功するか、国の支援を受けるかでないと、危機的状況に陥る可能性が高い。これまで過疎地の行政を支えてきたのは、地方交付税である。基本的に行政赤字の補填という趣旨から、地方交付税は配分されたきた。このため過疎地ほど手厚い配分に浴していた。ところが、国の巨額な財政赤字と借金は、従来通りの地方交付税の配分を困難にした。「平成の大合併」の最大の要因は、この点にある。合併により、小規模町村の数を減らし、地方交付税を圧縮したいというのが、国の何よりの狙いである。このため、合併すれば地方交付税は10年間現状を維持するというアメが用意された。しかし、人口が減少に転じる10年間後の保障はない。合併しなければ、地方交付税減額のムチが待っている。福島県矢祭町は、合併しない宣言を発したが、国に頼らず、自立の道を歩むということは、住民の理解さえ得られれば、1つの選択であろう。

　国は、50兆円の税収しかないのに、30兆円の赤字国債を発行して、80兆円の予算を組んでいる。これは、個人の家庭や企業では考えられないことである。500万円の年収しかないのに、300万円借金して家計をやり繰りしていては、収入が増加するメドがないかぎり非常識なことは分かり切ったことである。その上、積もり積もった借金が、5,000万円もあるのである。これは、自己破産以外に方法はない。これが、国家という立場で許されているのであるが、国家でも、アルゼンチンのように経済破綻することがある。日本もそれに近い状況な

のである。小泉内閣の構造改革も、この事態を踏まえたものであるが、十分な成果を挙げられずにいる。地方自治体も、財政難や借金苦の状況は、似たようなものである。合併も、この事態の抜本的解決の方策ではない。しかし、財政を改革し、行政効率を高める切札は、合併以外にないと考えられる。

　今後日本経済が、急速に回復し、高度経済成長ができるという見通しが全く立たない現状では、税収が増加する可能性はほとんどない。その前提に立って、自治体行政の政策を立てて行かなければならない。こうした税収減の影響は、地方ほど大きい。高齢化と人口減少が、地方ほど進むからである。そのため、できるだけ早く地域活性化の対策を立てなければならない。第一は、住民主体のまちづくりを進めることである。行政主導で、公共事業中心のまちづくりは、財政難の行政には難しくなった。行政と住民の協働によるまちづくりの推進が望ましいが、それすら行政が対応出来るか疑問である。住民による地域貢献が望まれるが、それには住民の意識改革が必要になる。第二は、高齢者の能力活用である。これから、いわゆる団塊の世代が、60歳の定年年齢に到達し、さらに65歳の高齢者年齢に達すると、高齢化は急激に飛躍する。こうした高齢者の能力を活用し、元気な老人パワーで町起しができれば、地域も活性化するし、健康保険や介護保険の財政も改善される。

　21世紀の地方都市を脅かす、財政難、高齢化、人口減少に、少しでも早く対応するためには、行政関係者のみでなく、住民自身が自助の精神を持つことが必要なのである。

第1章　地方都市の活性化
―― 松阪市と小田原市の比較研究 ――

はじめに

　21世紀を目前に、日本のみならず世界が、政治的・経済的に混迷している。冷戦終結、ソ連崩壊後、世界は新しい秩序を模索しているが、湾岸戦争・コソボ紛争・東ティモール問題など、国際的紛争が続いている。日本も、バブル経済崩壊後、長い不況から脱出できず、政治も55年体制後の連立政権体制で混迷している。国も地方も、借金財政で、高齢化・少子化が進行する状況は、21世紀に暗い影を落としている。今後人口減少が予想される地方都市は、高齢化も急進するため、少しでも活性化を図らなければ、行き詰まってしまう。

　平成11年（1999）4月、阪上は、小田原市から、市のPRの一役を担う「小田原評定衆」の委嘱を受けた。そこで改めて思案してみると、松阪市と小田原市は、人口規模こそ12万と20万の違いがあるが、城下町や街道の宿場町、歴史的遺産や人物の多さ、交通の要衝、海に面した港町など、多くの共通点があることに気が付いた。こうした点から、松阪・小田原両市を比較研究し、21世紀に向けてのまちの活性化の政策を検討することは、当該両市のみならず、全国の地方都市にも有益な示唆を与えるものと思われた。この趣旨をご理解頂き、松阪市と小田原市がともに全面的にご協力下さった。

1　松阪市と小田原市の共通点

　松阪市と小田原市は、特に地理的・歴史的に関係があるわけではないが、多くの共通点が挙げられる。何よりも歴史的に城下町として発展し、さらに街道

の宿場町として発達したことである。

①城下町

　松阪市は、天正16年（1588）、戦国の武将蒲生氏郷の松阪城築城とともに誕生した。そして蒲生氏郷のまちづくりによって松阪商人が生み出された。正に城下町として生まれ、発達して来た町である。一方、小田原市は、大森頼春が小田原城を築いたが、明応4年（1495）、伊勢新九郎長氏（後の北条早雲）が小田原城を奪い、5代の後北条氏の城下町として栄えたが、天正18年（1590）、豊臣秀吉の小田原攻めに遇って滅亡した。江戸時代には、大久保氏、阿部氏、稲葉氏などの城下町として栄えた。このように、両市とも、日本の代表的な城下町である。

②街道の宿場町

　松阪は、江戸時代、参宮街道、熊野街道、和歌山街道の三街道が合流する交通の要の宿場町として発達した。小田原は、言うまでもなく東海道の箱根越えを控えた代表的宿場町である。

③歴史的遺産・人物

　両市とも、歴史的に古い町であり、歴史的遺産や人物が数多い。松阪市には、松阪城跡、御城番屋敷、三井家発祥の地など、人物としては、蒲生氏郷、本居宣長、三井高利、など。小田原市には、小田原城、石垣山一夜城など、人物として、曽我兄弟、北条早雲、二宮尊徳など。

④交通の要衝

　古くは街道の拠点であったが、現在でも、松阪は、JR紀勢本線・名松線、近鉄の交差する交通の要衝であり、小田原は、JR東海道新幹線・東海道本線、小田急、箱根登山の交差点である。

⑤地域の中心

　松阪市は、南三重の産業・経済・文化の中心都市であり、小田原市も、神奈川県南西部の中心都市である。

⑥港町

両市とも、海に面している。松阪市には、大型貨物船が出入りする松阪港があり、漁業も盛んである。小田原市には、漁港だけであるが、特産品のかまぼこ製造を盛んにしている。

⑦大都市圏に1時間半

松阪市は、名古屋にJR、近鉄で約1時間、大阪・京都に近鉄で1時間半。小田原市は、東京・横浜にJR、小田急で、1時間から1時間半、いずれも交通便な位置にある。

⑧大観光地への通過点

松阪市も小田原市も、良い観光資源を持ちながら、松阪市には、伊勢神宮を含む伊勢・志摩の大観光地・リゾート地が控えているため、小田原市には、伊豆・箱根という大観光地・温泉地帯があるため、通過点となってしまっている。これらの観光客を、どう立ち寄らせるかが、共通の課題となっている。

⑨全国的名産品

松阪市には、松阪牛、小田原市には、かまぼこ、という全国的に知られた名産品がある。かつての松阪木綿が、松阪商人を発達させたように、これらの名産品をどう生かすかが、両市の課題である。

これらの中で、特に興味を引かれるのは、両市を代表する歴史的人物、本居宣長と二宮尊徳である。この2人の人物は、戦前の教科書に取り上げられ、宣長は、「松阪の一夜」や「敷島の　大和心を　人問わば　朝日に匂う　山桜花」の和歌で知られ、尊徳は、「修身」に二宮金次郎として子供の手本とされ、薪を背負って本を読む金次郎像が全国の小学校に設置された。戦後は、その反動で抹殺されるに近い扱いを受けた。しかし、古事記が歴史の中で見直されるようになり、本居宣長も改めて見直されるようになってきた。二宮尊徳も、むらおこしの先駆者として、見直されるようになってきている。それにつれて、松阪市の本居宣長記念館や小田原市の尊徳記念館が注目されるようになった。

松阪市と小田原市に、これほどまでに共通点があるとすれば、両市のまちづくりや活性化の方策が、互いに参考になることも多いと考えられる。

2 歴史的遺産・人物をどう生かすか

(1) 松阪市の歴史的遺産・人物

松阪市の数多い歴史的遺産・人物の中から、蒲生氏郷、本居宣長、三井高利、御城番屋敷、を取り上げる。

①松阪市の現状

松阪市は、近世以来、江戸で活躍する豪商を輩出した経済力豊かなまちであり、その財力を背景に地方にあって異彩を放った文化の香り高い街であった。また、城下町・商人町としての遺風は、松阪城跡、武家屋敷などに色濃く残り、「歴史的文化遺産の豊かなまち」の印象を一層高めている。

蒲生氏郷によって築かれた松阪城は丘全体を石垣で囲んだ桃山時代の代表的な城郭である。今は、風格のある石垣と桜や藤、イチョウなどが四季折々の風情を漂わせて、市民の憩いの場所となっている。

また、偉大な国学者・本居宣長は大きな商家の長子として生まれ、23歳の時に母の配慮で医学の修行に京都へ旅立ち、その傍ら儒学・古典・歌文等も修めたのである。

御城番屋敷は石畳、まき垣、米蔵、松阪城搦手門から続く道の両側は、江戸時代末に松阪城の警護をまかされた紀州藩士たちが住んでいた2棟19軒の武家屋敷である。

三井高利は、元和8年(1622)松阪本町に出生した。

松阪で金融業を営みながら江戸店を持つための資金蓄積に励んでいた高利が、江戸に当時間口9尺の「越後屋」を開くとともに京都にも呉服仕入店をもったのは、延宝元年(1673)の時であった。

越後屋の名声も高まり将軍家での呉服御用達や幕府の御為替御用達を命じられるまでになったのである。高利は、一代にして越後屋の繁栄を築き上げ、後

世の「三井財閥」の基礎を確立したのである。

②松阪市の課題

　松阪市本町の旧小津清左衛門家住宅は、松阪商人の館として幅広い活用をするとともに、魚町の町家群や松阪木綿センター、本町の三井家発祥地を生かしての三井家（三井高利）記念館の建設計画構想、中町の寺院群などと連動して松阪商人の息吹きが漂う街の再現、小津・三井・長谷川邸を伝統の街並み形成ゾーンとして活用するなど武家屋敷群と御城番屋敷一帯の町並み保存制度の確立に努めながら、松阪城跡と一帯的な歴史的文化遺産の景観保持に努め、市民の憩いの場や、観光集客地としての機能の充実を諮らなければならないのである。

　このようなまちにすむ人々は、守り継がれてきた有形・無形の文化遺産を絶やすことなく、後世に伝えていかなければならないのである。（参考資料１、51頁参照）

（２）小田原市の歴史的遺産・人物

　小田原市の数多い歴史的遺産・人物の中から、史跡小田原城、北条早雲、二宮尊徳を取り上げる。

①小田原市の現状

　温暖な気候と豊かな自然に恵まれた小田原は、歴史の要、地方文化の拠点として栄えてきた。県下有数の古墳群である久野の高塚式古墳群、国指定史跡の小田原城址、豊臣秀吉の小田原攻めのさいに築かれた石垣山一夜城址、源頼朝が平家追討の挙兵をした石橋山古戦場とゆかりの佐奈田霊社、飯泉観音の名で親しまれる県指定重要文化財の飯泉山勝福寺、市指定文化財の天桂山玉宝寺の五百羅漢など数多くの史跡が点在している。

　史跡小田原城は、室町時代に大森氏の築いた山城が前身で、その後戦国大名小田原北条氏の居城となってから、関東支配の中心拠点として次第に整備拡張

され、豊臣氏の来攻に備えた城下を囲む大外郭の出現に至って城の規模は、最大に達し、前例を見ない巨城に発展したのである。

小田原北条氏滅亡後は、徳川氏の譜代大名大久保氏が、城主となり、江戸時代になると、三の丸以内に規模が縮小されたが、稲葉氏の時代に行われた大規模な工事によって近世城郭として生まれ変わったのである。次いで、大久保氏が、再び城主となり、東海道を抑え箱根をひかえた関東地方防御の要として幕末に至ったのである。

史跡小田原城は、「史跡小田原城跡本丸・二の丸整備基本構想」に基づいて、二の丸住吉堀、住吉橋、桝形石垣や櫓門などを復元していたのである。これからも史跡の調査を進めその保存と活用をしていく必要がある。

また、小田原城跡大外郭の空堀や、土塁などの遺構は、計画的に調査を進めながら、保存と活用をしていく必要が望まれるのである。

小田原城の天守閣が復元され歴史博物館として広く一般に公開されている。

文化遺産の歴史的、観光的価値を高めるため、市指定の有形・無形の文化財を継承し、散在する名勝・旧跡などを活用するとともに、広く伝えていく必要が望まれる。

北条早雲は、明応4年（1495）に、大森藤頼を真田城に追い、小田原に入りとなった。以来北条氏は、関八州にまで勢力を広げ、天正18年（1590）豊臣秀吉によって滅ぼされるまで5代「早雲」「氏綱」「氏康」「氏政」「氏直」と96年間にわたり、小田原を中心に地方政治を展開し、小田原は、行政・文化・産業の一大中心地へと発達していったのである。

幼少の頃から勤労、勉学に励み、道徳に裏付けされた独特の経済理論により農村復興に力を尽くした二宮尊徳（幼名金次郎）は、天明7年（1787）7月23日に出生した。二宮家はもともとかなりの地主であったが父利右衛門は、病弱であったために金次郎は父に代わって夜はわらじ作り、昼は、農業のほか、治水事業にも参加しているのである。

封建社会の中で、農民を救う道としての独特の「仕法」を生み出した尊徳の

教えは、各地の報徳の教えとして今も生き続けている。尊徳の生家は、尊徳記念館に隣接する尊徳誕生地に復元されている。

②小田原市の課題

　史跡小田原城、大外郭の整備・保存をし、活用を進めるため周辺地域とも調和した歴史文化遺産の活用をする。石垣山一夜城跡での国の指定史跡としての、歴史公園としての小田原市民・観光客の憩いの場としての整備をしていかなくてはならないのである。

　小田原市は、国・県・市指定の重要文化財・史跡・天然記念物が、124件（市文化財保護課調べ）と数多くあり有形・無形の文化財を調査、研究、保存をするとともに、市民・観光客が歴史や文化財に対する理解を深めるため歴史資料などを接する機会を充実させるため歴史記念館の内容充実などをしていかなくてはならないのである。

　二宮尊徳の教えなどを理解してもらうために報徳塾の開設などを通して小田原市民の皆様と国内はもとより海外の観光客との交流などを通して歴史的文化遺産・人物を多くの人々に広く伝えていくことが望まれる。（参考資料2、51頁参照）

3　21世紀へのビジョン（総合計画）の比較

　総合計画は、地方自治法第2条第4項（平成11年7月16日法律第87号による改正で旧5項繰上）で、「市町村は、その事務を処理するに当たっては、議会の議決を経てその地域における総合的かつ計画的な行政の運営を図るための基本構想を定め、これに即して行うようにしなければならない。」と規定されており、市町村単位で基本構想を策定し、その構想に基づき諸施策を遂行するのである。今後のめざすべきまちづくりの目標と政策の基本方向を明らかにするとともに、長期的な展望にたって行政運営の基本指針を示すものである。また、

市民・民間団体からみると市民生活や地域活動の指針としての役割をもつものである。

　総合計画は、基本構想、基本計画、実施計画で構成され、基本構想は、市の将来像とそれを実現するための基本的な目標（政策）施策を示すものである。基本計画は、基本構想に示された目標・施策を実現するための基本的な施策・事業の計画を示したものであり、実施計画は、基本計画に示された施策を達成するための具体的な施策・事業を示したものである。

　そこで、松阪市と小田原市の総合計画を比較検討した。なお、両市の概況については、参考資料3（52頁）及び4（55頁）を参照していただきたい。

○松阪市、小田原市の総合計画
（1）総合計画の概況
①松阪市

　松阪市では、「暮らしよい生き生きとした都市づくり」をめざして、昭和50年（1975）度に第一次松阪市総合計画を、昭和56年（1981）度に第2次松阪市総合計画を策定し、さらに昭和61年（1986）度に第2次松阪市総合計画の見直しを行い、平成3年（1991）度には、「個性豊かで、夢と活気にあふれる都市づくり」をめざした第3次松阪市総合計画（平成3年度を初年度、目標年度は平成12年（2000）度）を策定し、さらに平成8年（1996）度には、基本構想の一部改訂と基本計画の改訂を行い、総合的、計画的な行政運営を行っている。

　今日の社会・経済情勢の変動、価値観・生活様式の多様化、地方分権・情報公開の進行などにみられるように時代の変革期にあり、今後のめざすべき目標と政策の基本方向を明らかにするため、現在、平成13年（2001）度を初年度とし、おおむね10年間を計画期間とする新しい総合計画（第4次松阪市総合計画）の策定作業に取り組んでいる。

　この新しい総合計画（第4次松阪市総合計画）は、21世紀の松阪市の計画であり、新しい世紀の「まちづくり」を進めるため、計画推進の方向として、①

市民と協働の行政運営、②市民に効果的な行政運営、③市民に総合的な行政運営、の3つが示されている。

　具体的には、①の「市民と協働の行政運営」は、市政に対する市民の理解と信頼を深め、市政への市民参画を一層推進していくため、市民対話の充実、積極的な情報提供、行政手続条例、情報公開条例などによる公正、透明な行政運営を進め、市民、企業、団体、行政など協働して明日の松阪を創っていく必要がある。

　②の「市民に効果的な行政運営」は、行財政改革、地方分権、広域行政、政策・施策の評価、職員の意識改革などにより、松阪市が自治体としての政策形成能力を高め、質の高い行政運営を進めることにより、市民生活に効果的な明日の松阪を創っていく必要がある。

　③の「市民に総合的な行政運営」は、市民社会の成熟、ニーズの多様化などにより行政需要は、ますます高度・複雑化になり、個性豊かなまちづくりを進めるため、それぞれの政策・施策の分野にとらわれない総合的な行政運営を進め、地域・市民社会に総合的に対応する明日の松阪を創っていく必要がある。

　これらにより計画の推進を図る必要性があると考えられている。

②小田原市

　小田原市は、昭和61年度に策定した総合計画「おだわら21世紀プラン」に基づき、「歴史と文化の香る都市」をめざしたまちづくりを進め、平成5年度には、「『きらめく城下町・おだわら』の創造」をメインテーマとする後期基本計画をスタートさせ、「地震防災対策」「高齢化社会対策」「活性化対策」「市民参加」という課題に取り組んできた。平成10年（1998）度には、2年余りの月日をかけて策定を進め、計画策定過程での市民参加の重視、世紀を越える計画としての発想、「交流」「個性」「多様」のまちづくりの3つの特徴をもった新しい総合計画「ビジョン21おだわら」（平成10年度を初年度、目標年度は平成22年（2010）度）を公表し、世界にきらめく「明日の1000年都市おだわら」とい

うキャッチフレーズのもと、自分たちのまちを自分たちで創造していくとともに、市民1人ひとりの参加により、自然、歴史、文化、人といった資産を生かし、未来に向けたまちづくりを進めている。

(2) 総合計画の策定過程（方法）

①松阪市

　松阪市は、新しい総合計画（第4次松阪市総合計画）の策定作業にあたり、専門的な検討協議とともに市民の参画を果たすため、次の方法により策定作業を進めている。基礎的検討項目について、庁内検討委員と松阪大学地域社会研究所と共同研究の実施、市民参加により絵画・作文等の募集、市民意識などについて市民アンケート調査の実施、市民提言について市民100字提案の実施、庁内に総合計画策定会議の設置、市民参加による総合計画策定審議会の設置、市民懇談会の実施などの方法により取り組んでいる。

②小田原市

　小田原市では、計画の策定過程で、初めての試みである「総合計画市民百人委員会」を設置（期間　平成8年（1996）7月～平成9年（1997）7月、公募市民100人）し、基本計画素案の策定に市民と市職員との共同作業で取り組み、全国的にも先進的な事例として注目を集めたのである。公募の市民100人が、まちづくりの分野ごとに6つの班に分かれ、これからのまちづくりに求められる施策の方向などを検討し、市は委員会からの提案を受けて基本計画素案をまとめた。この素案策定の過程で出された提案を基礎として、今後のまちづくりの方向として、5つのキーワード「環境」「生活」「文化」「産業」「市民参加」を基本構想の基本理念や、5つのまちづくりの目標に反映させており、計画の骨格を形成している。個別事業については、実施計画策定の参考にしている。

　また、計画に対する市民の自由な意見を取り入れるため、計画策定の基本的な考え方をパンフレットやインターネットで公開するとともに、「まちづくり

提案箱」を設置(期間 平成8年6月~平成9年6月、市内31か所)し、410件の提案を計画策定のための参考にしたり、計画策定作業の早い段階から、基本計画素案の概要をまとめたパンフレットを全世帯に配布し、これをもとにした「新総合計画・市民の集い(市内6地域で8回開催)」での意見も計画策定の参考にしている。その他に、市民3,000人を対象としたアンケート調査、市内各地域での市長と市民の懇談会の開催、市長への手紙制度の活用、インターネットでの情報提供、小田原市総合計画審議会の公開、市民意識調査など、計画策定過程での「市民参加」の機会の拡大を図り取り組んだのである。

(3) 総合計画の計画体系

①松阪市

松阪市の第3次松阪市総合計画の計画体系は、松阪市に住み、働き、学び、その中で「ゆとり」「ふれあい」「かがやき」のみられる都市づくりを松阪市の都市像とし、市民参加の市政を基本姿勢として、松阪に住み、働き、学ぶことに誇りを持ち、心の豊かさを享受できるような都市を築くため、「個性豊かで、夢と活気にあふれる都市づくり」をめざして、各種施策を進めている。市民と行政が一体となり、来たるべき時代にふさわしい都市づくりを実現するため、基幹プロジェクト(4つのテーマ)、将来フレーム、計画的な土地利用、交通体系の整備計画を設定し、さらに将来像実現のために社会福祉、生活環境、教育文化、産業経済などの各分野にわたる体系的施策を推進している。

基幹プロジェクトは、以下のとおりである。

1. 中枢的機能を有する都市の核づくり
(南三重のターミナルタウン)

　①ウォーターフロント(海岸地域)の多機能的開発
　②松阪駅周辺の整備と鉄道の高架化
　③工業団地の拡張と物流基地の開発
　④農林水産業の振興

2．若者に魅力ある都市づくり
（ヤングカルチャーゾーン）

①学び、遊び、楽しめる文化空間の創出

②雇用機会の拡大と都市環境の整備

3．心なごむ文化・観光の都市づくり
（ファッショナブルゾーン）

①ファッショナブルな回廊づくり

②ふるさと文化ゾーンの再生

4．愛着と生きがいの感じられる都市づくり
（トータルライフゾーン）

①健康・スポーツの里づくり

②魅力ある居住空間の創設

③周辺市町村の連携と地域開発促進

将来像実現のために各分野にわたる体系的施策は、以下のとおりである。

1．健康と福祉のまちづくり

①健康でゆとりある生活　　②ふれあいの福祉

③高齢者の福祉　　　　　　④心身障害者（児）の福祉

2．安全で快適なまちづくり

①交通安全の確保　　　　　②交通体系の整備

③防災・消防・救急体制の充実　④公害の防止

⑤犯罪の防止　　　　　　　⑥快適な住環境の整備

⑦夢とドラマのあるコミュニティ空間の形成

⑧自然環境の保全

3．高い教育文化のまちづくり

①ゆとりと活気のある学校教育　②充実した社会教育

③青少年の健全育成

④文化遺産の資産的活用と文化ネットワークの形成

⑤ゆとりとはげみのスポーツ

4．活力ある産業のまちづくり

① 魅力ある農林水産業　　　② 商業の活性化

③ 工業の振興

④ 雇用問題への対応と勤労者の福祉

⑤ 観光・レクリエーション・レジャーの開発

5．市民参加と人権尊重のまちづくり

① 市民参加の拡大　　　　② 人権の尊重

③ 広域行政の推進　　　　④ 行財政の効率的運用等

② 小田原市

　小田原市の総合計画の体系は、西暦2000年という時代の節目を越えて、改めて長い時間の単位でのまちづくりを発想し、「1000年都市」とは、そうした小田原の悠久の歴史とロマンを象徴し、1000年以上に及ぶ先人たちのまちづくりの努力、そして何千年、何万年という時間を経て現在に受け継がれる豊かな自然。このまちに誇りと愛着を持ち、その資産や個性にさらに磨きをかけ、これを世界に発信しながら、未来を生きる子孫に夢と希望あふれる小田原を残すため、社会環境の変化に積極的に対応しながら、21世紀は、世界的な「交流の時代」になると予測し、都市の発展の新しいイメージを「交流」というキーワードでとらえている。基本構想では「環境」「生活」「文化」「産業」「市民参加」を視点として、5つのまちづくりの目標（環境共生都市、生活福祉都市、文化創造都市、産業自立都市、市民参加都市）と15の施策の方向が掲げられ、また、交流の時代に対応するため、小田原の「交流」「個性」「多様」を創造するための重点的な取り組みとして、前期基本計画の中に、小田原の明日への虹の架け橋となる7つの重点プロジェクト「レインボープロジェクト」を設定している。それぞれのプロジェクトは、小田原らしさを創造するための先導的、重点的な施策により構成されており、7つの重点プロジェクト（① 交流の都市おだわら・

時の回廊②水とみどりのエコトピア③ゆったり宅地・快適ライフ④こころきらめく文化・芸術の森⑤地球市民・健康ふれあいの里⑥生き生き産業・創造の泉⑦はつらつエンゼル・愛の環）は、5つのまちづくり目標のうち、「市民参加都市」を基礎として、それぞれの目標を取り結ぶように位置づけられている。

5つのまちづくりの目標と15の施策の方向、そして50の項目は、以下のとおりである。

1．環境共生都市
環境と調和した風格のある美しいホームタウン
1．環境に優しいまち
①自然環境との共生　②都市環境の保全と創造
③水辺環境の整備　　④資源循環型都市への転換
⑤環境衛生対策の充実

2．個性豊かで快適な居住環境
①住宅・住宅地の整備　②公園の整備
③水道の整備　　　　　④下水道の整備

3．魅力ある都市空間
①市街地の整備　　②都市景観の向上
③道路網の整備　　④公共交通の充実

2．生活福祉都市
安心で質の高い生活ができるヒューマンな福祉社会
1．潤いのある人生と子育てを楽しめるまち
①地域福祉の充実　　②高齢者福祉の充実
③障害者福祉の充実　④子育て環境の整備
⑤社会保障の充実

2．生涯にわたる健康づくり
①健康づくりの支援　②地域医療の充実

3．安心して暮らせるまち

①防災体制の充実　　　②消防・救急体制の充実
③防犯・交通安全対策の充実
④消費者保護と相談体制の充実
⑤雇用・労働環境の整備

3．文化創造都市
豊かな可能性のあふれ夢が実現できる舞台

1．感性豊かな心をはぐくむ市民文化
①芸術・文化の振興　　　②文化遺産の保存・活用
③自治体交流と国際交流の推進

2．生きる喜びを実感する生涯学習
①生涯学習の推進　　　②生涯スポーツの推進

3．健やかに伸びる力を育てる教育環境
①学校教育の充実　　　②学校保健・学校給食の充実

4．産業自立都市
地域をリードし次代を拓く生き生きとした産業

1．まちの魅力を発信する産業
①国際的観光地の創造　　　②地場産業の振興

2．環境や暮らしと調和した地域産業
①農林業の振興　　　②水産業と海業の振興
③流通機能の強化

3．活力あふれる商工業
①商業の振興　　　②工業の振興

5．市民参加都市
市民が主役の社会と開かれた市政

1．市民が主役のまち
①市民参加のまちづくりの推進
②平和な地域社会の実現

③男女共同参画型社会の実現
　　　　　２．暮らしの質を高める情報環境
①情報化の推進　　　　②情報の収集・管理・活用
③コミュニケーションの強化
　　　　　３．効率的な行政運営
①行政組織の合理化　　②事務事業の改善
③政策形成能力の向上　④財政運営の適正化
⑤広域行政と地方分権の推進

　以上、21世紀へのビジョン（総合計画）の比較をみてきたとおり、両市とも計画策定過程で、住民参画の機会の拡大を図っており、「市民参加」を重視していることがうかがえる。

　地方分権時代の都市間競争での生き残りをかけて、自分たちの住んでいる地域のことは、自分たちで決定し、「生活の質」をより高めていくまちづくりが大切である。総合計画は、その地域の実状と特性、課題を踏まえながら、自分たちの地域を将来にわたりデザインしていくものである。そのためには、そこに住んでいる住民（企業）の積極的な参加と、自治体職員の参加による合意形成を図っていくことが大切である。そして計画策定にたくさんの時間や労力などのエネルギーを費やしても、策定した計画に基づき実行がされなければ意味がないのである。

　住民（企業）と行政の協働による取り組みによってこそ、より個性のある、より魅力のある総合計画になり、そしてその計画に基づき実行されることにより、より個性がありより魅力のある、自分たちの"まち"につながっていくのではないだろうか。

※小田原市の行政改革について
　小田原市は、急激な社会情勢の変化と厳しい財政状況の中、豊かで住みよい都市形成のための新たな行政運営に向けて、行政改革の推進期間を平成8年

(1996)度から12年(2000)度までの5年と定め、3本の大きな柱（効率的な行政運営と行政能力の向上、市民参加と民間活力の活用、行政サービスの向上）に沿って進められている。平成10年(1998)度末現在の主な実施内容とその成果について、「評価するのは市民の皆さんです。」と広報で住民に情報発信をしている。

　平成10年度効果額は、12億4千万円（削減11億円、新しいサービス1億4千万円）である。削減した「11億円」の主なものは、"公共工事コストの縮減（5億5千万円削減）"、"財政構造の弾力性の確保（2億円削減）"、"職員数の削減（2億5千万円削減）"である。具体的に見てみると以下のとおりである。

　"公共工事コストの縮減"では、平成10年3月に「公共工事コスト縮減対策に関する行動計画」を策定し、3年計画で10％程度コストを縮減することを目標に、計画や設計手法、材料を見直し、品質を確保しながら技術開発を進めるなど、すべての事業を再検討している。

　"財政構造の弾力性の確保"では、平成11年(1999)度予算編成時に時間外勤務手当・物件費などの経常的経費の削減や、職員数では前年度と比べ31人の職員を削減している。平成7年(1995)度以降すでに職員95人を削減しているが、さらに平成10年度から5年間で100人以上削減する数値目標を設定している。

　一方、新しいサービスの「1億4千万円」の主なものは、"低公害車の走るまちづくり（平成10年度はハイブリッドバスなど3台を導入）"、"観光おだわら魅力アップ委員会の設置"、"情報学習の充実（市内中学生が情報を受発信するホームページ「キッズシティー」の開設）"、"利用者に優しい施設の整備（高齢者や身障者の方が利用しやすいようにトイレなど改修）"、"本庁・支所のオンライン化（印鑑登録をオンライン化し、窓口の待ち時間の短縮）"、"おだわら国際交流ラウンジの開設（外国籍住民などへの情報提供といった、活動拠点として開設）"などである。

　さらに平成11年度は、市役所が一丸となって「1課1廃」運動・「1課1新企画」運動に取り組むほか、市税滞納額の解消と租税負担の公平化を図る観点

から、「(仮称)市税滞納審査会」の設置や各種情報の迅速な受伝達を可能にする情報通信網を庁舎内に構築したりするなど着実に進められている。

4　中心市街地の活性化

(1) 松阪市の中心市街地活性化

　中心市街地の衰退は地方自治体の財政に大きな影響をあたえる。商店が駅前などの中心市街地の商業地区から撤退することが多くなってくると土地の値段が安くなるためその商業地区の税収が減少してしまう。

　平成10年(1998)7月中心市街地活性化法が制定された。街の再生化事業に補助金総額1兆円を国が出すことになった。そのため全国の街では補助をうけるためピッチをあげ、地域独自の個性的プランの作成を急いだ。主な支援される事業の内容は空き店舗の再利用、まちづくりをする人材の育成、駐車場の整備、地場の食品の販売、インターネットを使った交流などおよそ150の事業が決められた。この中には商店街の活性化につながるものが数多くある。現在、多くの市町村が国に基本計画を提出している。

　この法律は自治体と商工会、商店主が市町村の認定を受けたTMO(まちづくり機関)を作りそれが主体となって事業を行い、その事業に国が補助金をだすというしくみである。国は地元の人達が中心になって行うようよびかけている。しかし、後継者不足などの不安とやる気のなさなどで商店主がTMOに参加してこないのである。これではTMOが作れない。これは全国でも問題になっている。

　この法律は日本で初めて地元で考えるという法律なので、地域がとまどってしまっている。また、この法律はTMOの運営資金は補助されない。商店街の体力がなくなっているので運営資金が出せないのである。これではTMOがつくれないというのも無理もない。

　全国の地方都市で中心市街地の活性化を進めるのは難しくなっている。以下

で松阪市と小田原市の中心市街地の活性化事業の基本計画などをまとめてみる。

松阪市の中心市街地活性化事業は、活性化に求められるモータリゼーションへの対応、流行性、娯楽性、文化性、個性化などの点で改善されなければならない。このような視点から駅周辺の再開発は次のような点に注意して進めていく。

まず、モータリゼーションへの対応のために、大規模な駐車場を設ける。既に進んでいる中心市街地活性化事業では、この点が不充分なので、それらへの対応を含めて、駅周辺に大規模な駐車場を設ける。

次に駅に近接したところをホテルゾーンとして多機能的な都市型ホテルを設ける。それは対外対応の場として宿泊機能をもつばかりでなく、飲食機能や宴会などの機能、さらにスポーツ・レジャー機能などの娯楽的機能を備えたものにする。

次に物販ゾーンを設ける。ここでは既存の商店街で不足するような所を設ける。さらに、アミューズメント性の高い所などを併せ持つようにする。

次にオフィスや研究施設、文化的なゾーンを設け、文化ホール、展示場、教室、集会所などを設けてカルチャーセンター的な機能をもたせるようにし、来街者の買い物のついでに楽しんでいってもらえるようにする。

次に地方都市ではその歴史的ストックを武器にした、個性のある再開発が必要である。地方都市には、城跡、御城番屋敷、商人屋敷、城下町、参宮街道、多くの寺院、神社などの歴史的遺産が残されている。そして、駅前の高台からは寺院、さらには城跡、遠くには山々が眺望出来る点を活かすことも対外対応の視点からも見逃せない。

さらに駅の周辺には飲食店街を設けたり、夜間人口を確保するためマンションを設けたりするものいいだろう。

以上の点を考慮して、松阪市の中心市街地活性化の現状と課題、基本計画を見てみる。

松阪市の中心市街地の現状と課題は、日野町交差点を中心に、「よいほモー

ル」、「湊町 Bax 通り」、「平生町通り」を個性ある専門店街として整備し、魅力のある商都松阪としてのまちづくりを進めてきた。しかし、全体的には、遊歩道、コミュニティ道路などの散策を楽しめる機能を持つ道路が少なく、また、商店街に必要とされる「ひとだまり」を醸し出すファッショナブルな広場などの施設がいまだ少ないのが現状である。

　一方、駅東地区は、一街区が小さく、未利用地や低層の建物が多いなど駅周辺地区としての地理的条件にあった土地の高度利用がなされておらず、一部には、木造住宅が密集し、防災面での配慮が必要な地域もある。松阪市は、駅前以外でも家並みが立て込んでおり道路が狭いので、新しいまちづくりのためには、一部の地区では建物の後退（セットバック方式）なども採用することになるが、同時に、歴史的な街並みを保存するための工夫も必要である。

　幹線道路については、鎌田町の踏み切りをはじめとして、鉄道と平面交差する箇所が多くあるため、東西交通の便が悪く、生活道路については、未整備な所が幾つか見受けられる。

　基本計画では、特に、松阪駅周辺の整備が焦点になるが、ここでは駅、建造物、道路の一体的建設、利用という手法で整備を進め、松阪市の玄関口にふさわしい景観の優れた地区にしていく。

　松阪駅周辺地域においてはそれぞれの地域の個性に応じた商業、娯楽、歴史・文化、業務ゾーンに機能分担し、歩行者に重点をおいた道路整備など高齢者や障害者にもやさしい、夢にあふれ、ドラマチックな体験のできるコミュニティ空間の創出を図っていく。

　松阪駅は、鉄道を利用する訪問客や他所へ出ていく人々を送迎する玄関であり、都市間バスも市内バスもここで発着する。このような交通機能の結節点においては、交通案内や観光案内を行うなど、観光・情報機能の充実を図る。

　さらに、住宅地の道路から、可能な限り通過交通を排除するために自動車の侵入規制路を設けるほか、自動車や歩行者のための道路整備を行う。

　ここは、松阪市のシンボルであるため、松阪駅前地区に新たな役割と機能を

持たせ、地域住民の憩いの場となるようにし、そこに建てる建物からは城下街の風景が見渡せるように工夫するなど、伝統的な雰囲気を味わえるようにする。さらに、市民や周辺地域の人々が近代的な雰囲気を味わえるようにすることも必要である。そのために優れたデザイン性を備えたファッショナブルな回廊作りも進める。

また、大型駐車場を設けるなど新しい時代の要請に応じた能率的、実用的なまちづくりを進める。

商業ゾーンでは、駅前再開発ビルを核として、宿泊、レセプション、コンベンション、小広場、駐車スペースおよび居住機能の充実とともに飲食店などの集積を図るための事業を進め、電線類の地中化など都市景観を向上させ、南三重の玄関口として交流機能を充実させる。

また、魚町の商店街周辺については、生鮮食料品店等の集積、愛宕町周辺へはアミューズメント機能の誘導を図る。

歴史・文化ゾーンとして松阪城跡、御城番屋敷周辺では、景観整備を一層推進し、観光資源として価値を高める。さらに阪内川河川敷へのレクリエーション機能の導入とともにこれらのゾーンをネットワークする散策コースを整備する。

駅東地区を業務ゾーンとして、オフィス、研究施設の導入を図りつつ、働く街としての景観の形成、文化機能の充実、交通・通信の利便性の確保を図る。

また、高度利用がされていない土地については、土地区画整理事業の推進により宅地化を促すとともに、歴史ある松阪らしい景観を持った街並みの形成を促す。そして、これら景観施策を総合的・計画的に進めていくための制度、計画の段階的な整備を検討していく。

さらに、駅を挟んだ東西のまちづくりの進展に伴い、これらを有機的に結び一体的に発展させるための鉄道高架事業を将来の最重要課題と位置づけ、その実現に努める。鉄道高架化事業とは、交通投資によって都市構造を合理化し、都市活動を活性化させるという事業の中の都市内の鉄道の高架化あるいは地下

化によって、いくつかの踏切を合わせ除去するという事業で、昭和44年（1969）に建設省と運輸省との間でできた協定により都道府県が都市計画事業のひとつとして行うことになっている。

この協定によると、経費の大部分が運輸省の負担になるので、都道府県としては、非常にありがたく、その申請は多い。

鉄道の高架化の効果は、幾つかの踏切を一斉に除去して、交通渋滞を解消し、騒音や汚染を軽減することにあるが、鉄道によって分断された両側の地域を一体化し、産業面でも生活面でも大きな改善が予想される場合に事業が行われるのが普通である。

この事業は三重県では、昭和53年（1978）に、四日市の鉄道線高架化がこの方式で行われた。この四日市の場合は、交通渋滞がひどかったので、その解消が主な目的であったが、それまで開発の遅れていた駅西部の開発が進展したという第二次効果も大きかった。

三重県内では、これから四日市に続いて、松阪市は同じ方式で鎌田踏切などの鉄道高架化の完成目指し、鎌田踏切の単独立体交差事業として鉄道の高架化を地元説明会の開催、交通量・遮断時間の測定調査、概略設計の見通しなどを通して準備してきている。

また、小田原市では、これとは違ったやり方だが東西自由連結通路の平成15年（2003）の完成を目指している。これにより、駅の周辺の発展が期待されている。

中心市街地の活性化には商店街活性化が欠かせない。そこで、以下では松阪市の商店街の活性化について書いていく。

松阪市はいまから約400年前に蒲生氏郷の築城に始まるとされているが、もともと松阪市は伊勢紀州路の玄関口にあたるほか、伊勢神宮に通じる参宮街道に沿っているために、この地方において中心商都として発達してきた街なのである。また、参宮・熊野・和歌山の三街道が合流する宿場町、松阪木綿を代表する商人の町として栄え、江戸期には三井家を始め多くの豪商を輩出、国学者

の本居宣長などの多くの文人を生み出し、これらにまつわる史跡も多い。

　その松阪市の中心商店街は、この街を北西から南東に貫く参宮街道沿いに作られていったのである。その後、JR東海と近畿日本鉄道が、この街道の東北約400メートルのところに、平行して通るようになった。そのため、その鉄道の駅と古くからの商店街を結ぶところに新しい商店街が形成されていった。したがって、松阪市の商店街の活性化は鉄道駅と密接な関係を保ちながら進められてきたと言える。自動車交通が発達した現在においても駅を中心とした中心商店街が形成されてきたと言える。しかし近年、進行しているモータリゼーションは、郊外に大型ショッピングセンターの立地を可能にしている。

　商店街の振興にあたってはまずは中心商店街の活性化から始めるのが普通である。

　松阪市の場合を見てみると、松阪市においても商店街の振興は、まず中心商店街の再開発から始まった。

　近年、地方都市において、商店街の再開発が問題になっているが、その要因はなんであろうか。

　その要因は、まず、モータリゼーションへの適応があげられる。増加する自動車に対して古い都市構造が適応できなくなったのである。商店街の再開発に際してはこの点に関しての配慮が最も重要である。駐車場の設置、街路の拡幅などが問題となる。しかし、商店街内では自動車の交通量が多くなっても買い物客の安全をおびやかしかねないので、この点については十分な注意が必要である。

　次に流行性、娯楽性、文化性の高揚が挙げられる。情報の発達した現在では、地方の人々も大都市に劣らず、流行性を追い求めるだろう。また、買い物に際しては、楽しみながら、文化的な雰囲気にひたりながら買い物をする人々が多くなってきている。古い街ではこのような人々をよせつけることができないため、再開発の必要性がある。

　次に個性のある商店街にするというのも重要なことである。他の都市と同じ

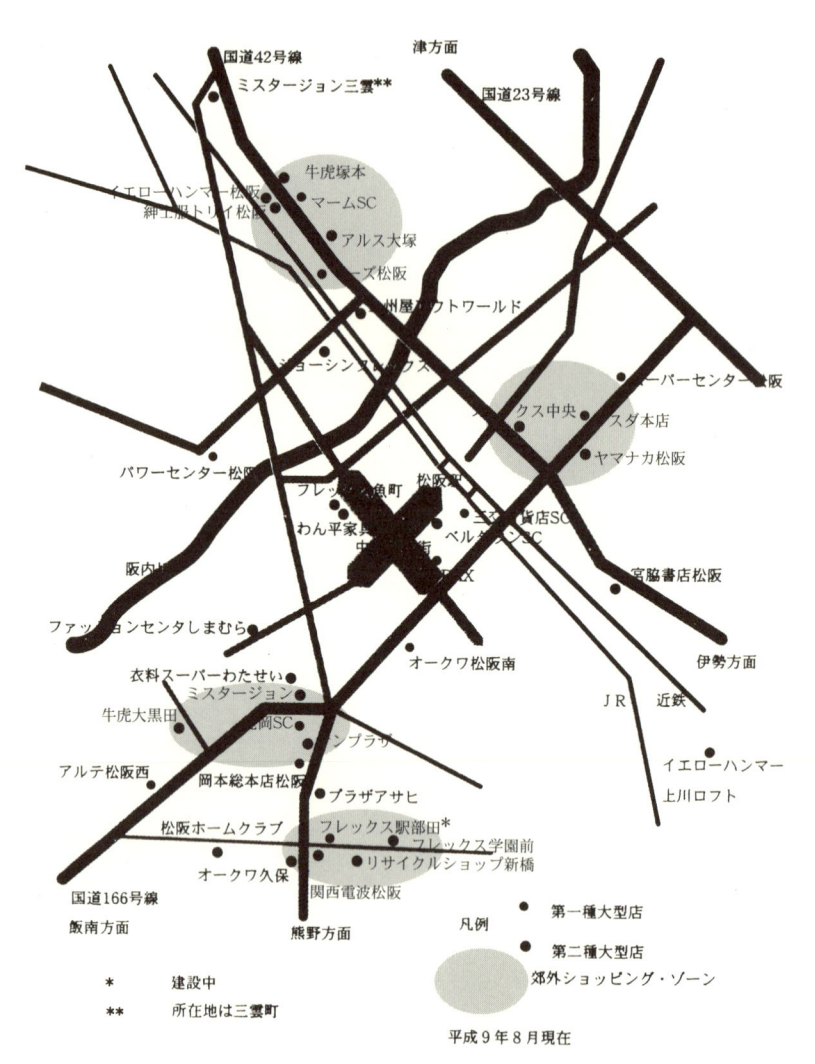

図1　松阪市の主な小売業集積マップ

様な開発ではその地域ならではの魅力があまり出てこない。多くの地方都市には、そこにしかない歴史的、文化的資産があるので、それらを活かしつつ活性化すればよいだろう。このことは地域の人々はもとより外部の人々をも引き付けてくれるだろう。

　松阪市の場合、昭和40年代の高度経済成長期に企業誘致を積極的に行い、産業構造が変化した結果、現在は第三次産業が主となっている街である。そのころから大型店の進出が相次ぎ、同時にモータリゼーションの発達をもたらした。しかし、市内の商店街は業種の不揃い、店舗の狭さ、老朽化などのため大きな打撃を受けた。また、戦災を受けなかったため松阪駅前通りの街路は狭く、歩行者の安全や、交通混雑解消のために市街地の再開発が市の重要課題となり昭和50年代のはじめの5年間に松阪駅前の道路を「区画整理事業」「商店街近代化事業」「街路事業」という3つの事業に分け市・県・組合によって行われた。

　その再開発は、個別的部分的に行われてきた。松阪駅と旧参宮街道沿いの商店街を結ぶ、駅前通り商店街の近代化事業は昭和51年（1976）から55年（1980）にかけて行われた。駅の西南約100メートルの地点から西南方向270メートルの通りの街路を幅員20メートル（車道11メートル、歩道4.5メートル×2）に拡幅し、旧来の建物を立て直して、アーケードを作り、さらに、その裏側に歩行者専用の道路を作ったのである。

　次に行われたのは本町、中町、日野町などの近代化事業である。この事業は昭和58年（1983）から始められた。これは延長753メートルの街路を幅員16メートル（車道9メートル、歩道3.5×2）に拡幅したとともに、建物を新しくし、さらに歩道には樹木を植えてモール街にしようとするものである。そして、現在、日野町交差点を中心に、「よいはモール」、「湊町Bax通り」、「平生町通り」、「パティオひの街」などが完成した。

　この整備事業にあたって、地元商店街は「まちづくり協定書」を作り、建築物の後退距離や街路に面した店舗などのイメージを統一するなどの事前の統一を図ったことや電力会社の協力で電線の地中化を行うなどの取り組みがなされ

た。この中に高齢者や障害者にも歩きやすいまちづくりにする配慮がなされており、道路の段差切り下げ、商店街への入り口段差除去なども行っている。この高齢者、障害者への配慮は今後の高齢化社会を考えれば大いに評価すべきだと思う。しかし、道路拡幅によって街区の構成員の大部分が、店舗の全面を大幅に削減あるいは全店舗を失い、営業が困難になる店もあった。その受け皿として5つの街区を共同ビル化している。たとえばベルタウンなどである。これは大型店舗対策としての役割を果たしている。

しかし、現在、個人消費の落ち込みや消費者のニーズの変化、大規模小売店舗法の規制緩和などによりどこの商店街も厳しくなってきた。さらに、松阪市は津市、伊勢市商業圏の間にあり都市間競争も激しい。

このような状況から、中心商店街においても空き店舗が見られるなどの商業活力の低下が懸念される。今後、商店街活性化をさらに進める必要がある。

松阪市の進める産業振興の基本計画は、まず、魅力ある商店街をつくる。多様化する消費者ニーズに対応できる個性的で魅力ある商店街をつくるため、まず、商店街での事業を実施する。空き店舗を利用したイベント、来街者の目を楽しませる「シャッター飾彩」、大晦日から元旦にかけてのイベント、など各商店街の創意工夫による事業を行う。また、松阪市内の商店街の店舗が共同して、ポイントカードを導入した。多数の会員獲得、イベントの成功など、好調なスタートを切っているようだ。

全市的なポイントカードとしては、県下では鳥羽市に次いで2つめとなる松阪ミューカードは商店街・組合の単位を超え、市内全域の商店で加盟、利用ができるカードシステムである。

従来、独自のポイントシステムをもたなかった松阪市の商店街で、ポイントシステムの勉強が始められ国の補助金事業のひとつとして、県外を含めた実施体の視察などを重ねた。この結果、参加するしないは各店にまかせ、一切強制はしないという結論に達し、カード事業のための組合ができた。松阪市7商業組合の加盟店であれば、市内全域で共通のカードという消費者にも都合のいい

カードになった。カードを通してのイベントなども行っている。

　特徴的なのはシステムが市内全域にまたがっていることでイベントなどの開催地を各地で持ち回りをしているという店である。イベントは各店がオリジナリティのあるものを用意するようになっている。また、ポイントの配点も各店が決められる。

　こういうカードは消費者の立場からすれば非常に使い易い。シールやスタンプとは違いカード一枚で済み、ポイントを集めることでいろいろなサービスを受けられる。これこそ消費者の意向を反映した事業であるといえる。

　次に、郊外型大型店と既存の商店との共存を図り、専門店を個性的な魅力あるものにするよう働きかけていかなければならない。また、松阪肉、松阪木綿のほか、特産品の新たな開発を奨励するとともにPRも行っていく。

　また、松阪市の歴史を生かし、松阪駅から寺院、街並み、商人屋敷、武家屋敷、松阪城跡など歴史的遺産をつなぐ遊歩道、看板類などを整備することにより、買物客や観光客の利便性を高め、商店街の魅力の形成に努める。

　次に松阪駅周辺に大型駐車場、核となる大型店や宿泊施設を中心とした業務・公益など施設、飲食店などを集積した再開発を行い駅周辺の商業機能、業務機能の活性化に努める。

　次に、駅周辺の総合的な整備を進め、広域対応の場として松阪市の伝統を活かすとともに近代的な雰囲気に浸れるようにする。

　また、平成7年（1995）度に今日の社会情勢に見合った事業計画とすべく、従来の再開発事業の手法である、高層建築にとらわれない「低層コミュニティー型」との方向付けをなし、参加意向のある企業に対し、出店方法、条件提示などを行ってきている。しかし長引く景気低迷による社会情勢の変化は、企業の投資意欲を減退させている。現在出店意向の会社についても、賃貸のテナント方式という状況にある。出店意向の企業については出店計画などの詳細なヒアリングを実施するとともに、その計画に見合った実現可能な施設規模を再構築し、住宅、ホテル、駐車場、公益施設などについても床処分を確定する中で、

施設計画、賃金計画、事業手法などを明確にし、地元関係者の合意形成を図りながら、早期の事業着手に向け努力している。

　金融の円滑化も行う。中小企業の育成・強化のため、資金の供給が円滑に行われるよう、融資の増額貸付限度額の拡大、貸付期間の延長、融資制度の改善を行うとともに、中小企業高度化資金、その他国、県などの融資制度を積極的に活用する。

　消費者の意向を反映させる。消費者保護などに対する情報の収集、提供体制の確立を図る。これからは高齢化社会に向けて高齢者への対応もしていかなければならない。

　次に、消費者の意向を商品販売に生かすため、県・市・商工会議所の参加による消費生活に関する連絡調整・組織の充実強化に努める。

　卸売業の振興にも努める。今後、施設の共同化・情報の共有化などをすすめコスト削減を行う中で積極的な事業展開を図っていく。そして、消費者のニーズに関する情報を把握して商品販売に生かすようにするとともに、社会経済の変動に関する情報の提供を積極的に行う、などである。

　また、松阪市では、平成9年（1997）6月に三重県のモデル商店街の認定を受けた。そして、厳しい状況に対処するために松阪市、松阪市商店街連合会、松阪市大型店協会、松阪商工会議所などで組織する「松阪市中心商店街活性化促進協議会」が発足し、経営セミナーなどを通じて、商店街の活性化を目的とした若手後継者の人材育成や各種の情報収集などを行っている。

　松阪市は、協議会活動などをより活発に行うと同時に三重県指定モデル商店街事業を引き続き支援し、さらに、市と協力してTMOなどの国や県の新しい施策・対策や大店法の廃止と大規模小売店舗立地法の施行を控えての動向にも注意を払い、国や県の指導も得ながら、商店街情報化事業や空き店舗対策などへの支援を積極的に行っている。情報としてはベルタウンのホームページや松阪ミューカードの紹介のホームページ、空き店舗情報のホームページもある。

　また、商店街活性化のためにはバス交通を利用する必要がある。バスはわれ

われにとって身近な存在である。高齢者や市外からの来訪者の足ともなる。しかし、モータリゼーションの進展によりバスの利用者が減少し、バス交通を取り巻く環境は非常に厳しくなってきて、バスの利便性が失われつつある。さらに、中心市街地の空洞化に伴う中心市街地の衰退や中心市街地の核の喪失などによって来街機会も減少する傾向にある。そこで、松阪商工会議所は、中心市街地への来街手段としてのバスを見直し、人々の回遊性を高め、交通渋滞を緩和させ、中心市街地、駅前商店街などの活性化のため、バス利用者からの意見・要望を得ながら循環バスの早期実現に取り組んでいる。

（2）小田原市の中心市街地活性化

小田原市の現状と課題は市の中心市街地は鉄道で分断されており小田原駅東口と西口の機能の連携や分担が図られていない。また、駅東口周辺はバスの発着が集中していることと広域的な通過交通が流入していることから、慢性的な交通渋滞をまねいている。また、小田原駅周辺は県西地域の中心的な商業地だが、土地の高度利用の遅れや、郊外に大型店舗が進出していることなどから商店街の活力低下が心配されている。そのため小田原駅の再整備によって駅東西の一体化と東西駅前広場の機能分担を進めるとともに、駅利用者の利便性を高め、広域的なターミナルとしての機能を強化する必要がある。

小田原市は中心市街地活性化計画を推進するために5つのまちづくりの推進体制を確立する。まず、小田原TMOである。これは商工会議所を主体とし、中心市街地全域を対象としたソフト事業に取り組む。また、必要に応じて個別の第3セクターを設立する。次に中心市街地活性化推進協議会である。これは、中心市街地活性化計画の方向を示すため、市民総意組織として設立を検討し、小田原TMOと連携しながら消費者ニーズなどの反映に努める。次に中心市街地整備推進機構である。これは、公益法人であり、都市基盤の整備改善をはじめ小田原TMOおよび第3セクター、商店街組合が行う事業を支援する。次に小田原ワーキング組合は、市内や周辺市町の人材・技術を確保し、中心市街地

における活性化事業に人材を派遣する組織として設立を検討する。また、行政は都市基盤の整備改善を進め、小田原TMOなどが進める中心市街地の商業などの活性化事業の支援を行う。

　小田原駅周辺の再整備とあわせて広域交流拠点としてのまちづくりを進めるため小田原駅東口の再開発を進めるとともに、西口についても、都市機能を充実させるための総合的な整備が必要となっている。また、民間の再開発事業などには、効果的な整備のための支援策を検討する必要がある。三の丸地区では、小田原の歴史や景観を重視し、市民会館の建替用地を確保するための公有地化を始め、シンボルロード（まちの顔、シンボルとなり、うるおいと親しみの感じられる街路空間として、地域の特性を生かしながら整備される道路。小田原市は、お堀端通りをシンボルロードと位置付け、小田原の顔にふさわしい街路の整備を進めている）や都市景観の整備などを進めてきた。今後は、小田原駅周辺整備や小田原城跡整備とも連携しながら、小田原文化を育てることや観光の振興を考えて、魅力あるゾーンとして整備する必要がある。

　また、小田原市は県西地域の中核都市として、行政機能を集積し、利用者の利便性を高めることが求められている。

　交通混雑が著しくなるなか、都市機能をたかめるため、基幹公共駐車場（都市政策上、公共が主体的に整備を行う必要のある駐車場）の整備や駐車場の利便性を高めるための方策を進めることが必要である。また、高齢者や障害者が利用しやすい歩道等を整備し、人にやさしい道作りを進めることが必要である。鴨宮駅北口地区は、都市化が進む河東地区の拠点として、都市防災や商業・居住環境の充実など、新しい市街地としての整備が求められている。市内の各駅周辺には、市街地の形成が急速に進んでいる地区があり、安全で快適な都市基盤の再整備が必要となってきている。また、地域の拠点としての役割を担う各駅周辺の整備について、調査、研究を行う必要がある。

　中心市街地の基本課題は１、中心市街地を発展させた３つの大きな力（駅・城・商店街）の機能強化。２、顧客像を明確にしたテーマ性のある個店・商店

街づくり。3、市民のライフスタイルを支援する街機能の多様化。4、街の面白さを満喫できるアーバンツーリズム（都市型観光事業）の振興。5、奥行きと回遊性のある街づくり。6、東西の均衡ある発展を促す駅周辺の再構築と交通観光の改善。7、定住化を促進する居住空間の強化。以上7項目である。

中心市街地の将来像は「交流」や「回遊性」の向上をキーワードに、中心市街地の持つ特性や資源を最大限に活用して、「小田原らしさ」あふれる魅力的な街を再生・創出するとともに、商業・観光や関連産業の活力を高めるため、将来像を「歴史・生活文化に根ざした『あじわい』と『にぎわい』の街」と設定している。

基本方針は中心市街地の持つ機能を、関連計画との整合性を保ちながら4つのゾーンと13のエリアに設定して整備を行う。まず1つめのゾーンは小田原駅周辺などの重点整備ゾーンである。ここは中心市街地活性化事業の先導的な役割を果たすリーディングプロジェクトとして行っていく所もある重要なゾーンである。

小田原駅周辺の商業等都市機能の強化や商店街の再活性化を進めつつ、小田原市の顔・中枢としての役割を担う商業・業務・観光商業の拠点ゾーンで、小田原駅の機能を強化すると共に市民や来訪者の利便性を高めるため、小田原駅東西自由連絡通路と橋上駅舎、東西駅前広場の整備をすすめる。小田原駅の再整備の最も重要な事業は平成15年完成予定の東西連絡通路であろう。これは駅東西のネットワーク化と駅利用者の利便性の向上を図る目的で作られる。さらに東西駅前の広場を再整備し、東西の交通機能の適正分担と歩行者の安全を図る。地域の人々の多彩な交流を促進するため、核となる施設としての地域交流センターや魅力ある商業施設、都市型ホテルなどの整備とともに公共的駐車場の整備を目指している。点字ブロックや点字価格表、障害者用トイレの設置など障害者にやさしい商店街作りも行う。歴史や文化、自然環境を生かした他の都市にない小田原らしさを高めていくことも目標としている。小田原駅東のお城通り地区の再開発事業を進め、広域交通拠点にふさわしい施設や駐車場の整

備、商業機能の集積に努めている。

また、都市計画道路栄町小八幡線を整備するとともに、中心商業地域を活性化するため、再開発事業に向けた取り組みを地域の人々とともに進める。

小田原駅東西自由連絡通路の整備にあわせて、県西地域の拠点にふさわしい市街地整備を進めるための計画を策定する。

重点整備ゾーンは5つのエリアに分れており、まず、広域交流コアエリアは県西地域2市8町の生活拠点と富士・箱根・伊豆などを控えた交通・観光・商業等広域交流拠点として整備する。

次に商業再活性化エリアがある。新たな商業文化の創造と夜間人口を増やすために都市型住宅などを整備する。

城址公園エリアは交流拠点の歴史的・文化的バックボーンとして小田原城跡の整備を進める。

三の丸エリアは歴史・文化性を重視する地区として、整備基本計画を策定し公有地化に努める。また、（仮称）城下町ホールの建設を中心に、小田原城跡と一体となった魅力あるゾーンとして整備するなど、回遊性のあるまちづくりを検討している。

シンボルロードエリアは広域交流拠点である小田原駅前や三の丸エリア及び城址公園エリアを結ぶ道線として整備する。

伝統の街並み形成ゾーンは、板橋旧街道、西海子小路、東海道、かまぼこ通りなど歴史と特色ある街並みと、松永記念館、小田原文学館等の施設を生かし、重点整備ゾーンの交流人口拡大を支援するアーバンツーリズム、歴史・文化の拠点ゾーンである。このゾーンには、東海道ルネッサンスエリア、かまぼこ通りエリア、西海子小路エリア、板橋旧街道エリア、歴史・文化エリアの5つのエリアがある。

東海道ルネッサンスエリアは国道1号において旧東海道の城下町・宿場町としての雰囲気を醸成し、中心部への導入口としての演出を行う。

かまぼこ通りエリアは、小田原の名産品の1つであるかまぼこなど水産加工品の街として、魅力的な景観形成と自動車対応型の商業機能の充実を図る。

　西海子小路エリアは、武家屋敷の面影を残す街並みと小田原文学館やゆかりのある文学者などを活用し、歴史と文学の街小田原の個性を強化する。

　板橋旧街道エリアは、歴史的資源の活用と古い街並みが残る環境の保全、小田原用水の整備など交流人口に対応した観光商業の育成を図る。

　歴史・文化エリアは、歴史的建造物などを生かし、板橋旧街道エリアとのネットワークによる生涯学習・歴史探訪の場としての拠点形成を促進する。

　ふれあい海浜公園ゾーンは、御幸の浜の海岸環境の整備、小田原漁港周辺の商業・観光拠点づくりなどレクリエーション機能などを強化する商業・観光ゾーンである。このゾーンには、御幸の浜海岸エリアと小田原漁港エリアがある。

　御幸の浜海岸エリアは、御幸の浜海岸の整備を進め、市民及び来街者の観光・レクリエーションの拠点機能を強化する。

　小田原漁港エリアは、小田原漁港を中心とした観光商業の強化を図るとともに、飲食店などとの連携による新たな観光名所づくりをめざす。

　行政拠点地区関連整備ゾーンは行政施設を活用したまちづくりを推進する。

　市役所を中心とした地域を行政拠点地区として整備し、県西地域の行政機能の強化を図るとともに、市民が利用しやすい行政地区とするため、少年院など各種行政施設の移転環境の整備に努める。

　このほかにも駐車場対策として公共と民間の適切な役割分担のもと、再開発事業などによる駐車場の整備を促進し、駐車場の案内対策など、駐車場整備計画（自動車交通が著しく集中する地区などで、円滑な道路交通を確保する必要があると認められる区域について、総合的・計画的に駐車場整備を進めるために策定した計画。現在は、小田原駅周辺の約63.5haについて「駐車場整備計画」を定め、駐車場対策を進めている）の短期施策の実現に努める。

　鴨宮駅北口地区再開発を行い河東地域の拠点づくりと居住環境の充実をめざ

して、地域の人々とともに、整備手法の調査、研究を進めている。

　再開発事業への支援は、民間主導による小規模な再開発事業について、助成制度などの研究を進めている。

　また、中心市街地活性化事業の先導的な役割を果たすリーディングプロジェクトとして、小田原駅再整備プロジェクト、小田原駅周辺整備プロジェクト、食匠の森整備プロジェクト、板橋地区街道景観修景整備プロジェクト、空き店舗対策・テナント誘導プロジェクト、ハートフルあきない支援プロジェクト、ストリートアイデンティティ創出プロジェクトの7つのプロジェクトを推進している。

　まず、小田原駅再整備プロジェクトは小田原駅東西自由連絡通路や駅前広場をはじめとした整備事業を行う。

　次に、小田原駅周辺整備プロジェクトは、広域的な交流を促すため、特にお城通り地区全区域、栄町二丁目通り・大乗寺周辺地区の都市計画道路栄町小八幡線西側の区域、小田原駅西口地区の駅前広場北東側隣接区域の3区域を「事業優先区域」に設定し、それぞれの特性を生かしながら整備を進める。

　食匠の森整備プロジェクトは、いろいろな施設を複合させて、アーバンツーリズム（都市型観光旅行）の拠点となるにぎわいと集客の核を作り出す。

　板橋地区街道景観修景整備プロジェクトは、板橋地区の旧街道沿いの街並みを修景し、地区内の神社・仏閣、歴史的建築物などの資源を活用することにより、観光客や市民などが街歩きを楽しめるような空間を創造する。事業主体は市、小田原TMO、民間で、事業の概要は道路の修景整備、街並みの修景整備、観光商業施設・街かど博物館などの整備、松永記念館等の地域資源とのネットワーク、地蔵尊縁日などの地域イベントのPR等を行う。

　商店街活性化についての先導的な役割をはたすリーディングプロジェクトは3つあり、まず、空き店舗対策・テナント誘導プロジェクトである。これは小田原のTMOが中心となって不足業種の誘導、新規参入を図るためのテナント誘導を行う。事業の概要は中心市街地商業総合管理システムの構築、不足業種・

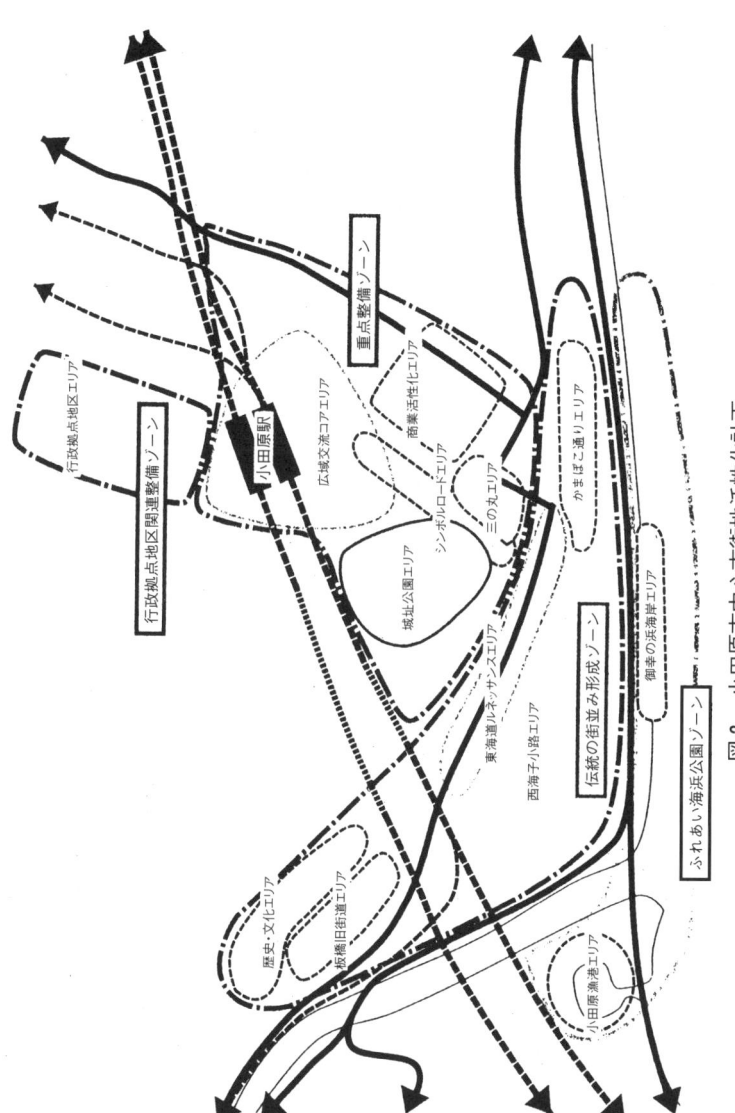

図2 小田原市中心市街地活性化計画

適正業種の診断、テナントの斡旋・誘致、レンタルショップの整備、チャレンジショップや空き店舗を活用したイベント事業の実施である。

次のハートフルあきない支援プロジェクトは商業者の「もてなしの心」や「チャレンジ精神」を醸成し、交流人口の増加を図ることによって、中心市街地のアーバンツーリズム（都市型観光事業）などを振興する。商店街、商店街連合会、小田原TMOが行い、事業の概要はホスピタリティ養成事業、ハートフル回廊づくりの推進、ハートフル商い宣言店運動、観光サポーターガイド募集、スタンプカードなどの導入事業、チャレンジショップの推進である。

ストリートアイデンティティ創出プロジェクトは、商店街の特色を出すためにCI戦略を展開する。意欲のある商店街から計画を策定し、事業の実施を図る。事業主体は商店街や小田原TMOなどである。事業の概要は商店街CI策定事業（商店街のアイデンティティを創出するため、歴史・文化、立地特性、商業機能の特徴を再認識し、独自の事業を推進するための基本的なコンセプトを確立する事業）や商業文化づくり支援事業である。

小田原市も中心市街地の活性化には商店街の活性化が欠かせないので、以下で商店街の活性化について書いていく。

小田原も松阪市と同じで、古くから城下町として栄え、商業も長い歴史と伝統に培われて発展してきた。現在では神奈川県西部で独自の商業圏が形成されており、交通面でも東海道本線、新幹線、小田急線などが集まり、恵まれた立地条件となっている。昭和45年（1970）頃から小田原駅付近に大型店が進出し始め、商業の中心として発展してきた。しかし、近年は地価の高騰やモータリゼーションの発達、規制緩和などにより大型店は郊外へ進出し始めた。さらに平成3年（1991）以降、景気の低迷により、個人消費が伸び悩み、商店街の活気もなくなってきている。小規模商店の減少や経営者の高齢化と後継者不足、中心商業地の空洞化が問題になっている。

また、東京や横浜などの大都市の商業圏に加え、近隣市町でも商業が発達し、都市間競争が盛んになってきた。

小田原市の商店街活性化基本計画はまず、先に挙げた小田原駅周辺の再整備である。

次に、魅力ある商店街の構築である。商店街は買い物の場のみではなく暮らしの場、交流の場、憩いの場としての機能が求められている。公共的な施設を整備などで商店街の特色ある活性化事業を支援していく。シンボルロード、ショッピング回廊、歴史回廊、まちかど博物館などを作り中心市街地の回遊性を高め、より魅力的にしていく。

次に、個別商店の経営強化である。商工会議所や商工会などの関係団体と協力しながら、個別商店の経営を強化するとともに、各種の融資制度を充実させ、また、消費者ニーズを把握し情報の提供に努める。小田原市では、1967年から消費生活モニター制度を設けている。この制度は、市民の日常生活に直接関係ある消費物資について、その品質、価格などの実態を調査し、同時に消費者の意見や要望、苦情などを継続的に聞くものである。そして、これを行政上の対策や市内商店の改善指導に反映させて、消費者の立場を守るとともに、あわせて市内商業の健全な発展を図ることを目的としている。モニターは市内の20～50歳のサラリーマン家庭を中心に30名を市の広報で呼び掛けて募り、モニター通信や消費動向調査、物価調査などをおこなっている。消費者のニーズを反映させながら、新商品開発、販売、製造、流通の交流組織作り、既存商品の統一ブランドなどの創造に取り組み、小田原の独自性を強調する小田原ブランドを作る。個店の建て替えに伴い、共同店舗を整備し、個店の施設整備に対する支援も行う。

4番目は商店街全体の活力作りである。そのためには商店街としての魅力や活力がなくなる空き店舗をなくすことである。小田原市はそれだけではなく、市内外からの新事業態の誘致なども視野に入れ、より効率的な事業とするとともに、波及効果として商業者のやる気を促したり、後継者の不足の解決にもつなげる。また、エンゼルファミリープラザと称する子育て支援の総合的施設を設置し、その託児機能を通じ、商店街の活性化を促進する計画をたてている。

この計画は女性の社会進出にもつながり、非常に有意義な取り組みだといえる。

　空き店舗対策として小田原TMOが中心となって、不足業種の誘導、外部からの新規参入を図るためのテナント誘導を行う。それらを円滑に効率よく進めていくためには、個店・商店街レベルの情報を収集、データベース化し、地図情報と連動した中心市街地商業総合管理システムの構築を図る。

　空き店舗へのテナント誘導に際しては、商店街の不足業種などを調べたうえで、適正業種の斡旋・誘導を行う。さらに、テナントの誘導のみならず、外部からの新規参入の受け皿として、レンタルショップの整備やチャレンジショップなどを推進する。チャレンジショップとは、空き店舗を利用して、一定の期間において、新しい業態や実験的な店舗を希望者に挑戦・運営してもらう店舗をいう。現在各地でおこなわれている事例をみると、個店の業態転換や、商業会への新規参入の希望者などが一定期間、実験的に出店し、新規出店の可能性を把握するためのチャレンジショップが多く、空き店舗対策の1つとして実施されている。

　商店街を含む住環境を整備し人口減少などを食い止め、商店街の活力の低下を防ぐ、などが挙げられる。

　都市型事業育成と小田原に新たに進出しようとする事業者のために、小原田駅周辺に低料金で使用できる貸し事務所を作る。

　ミニコミ紙、タウン誌の発行、CATVやFM局などへの情報提供、ミニFM局の開設、インターネットホームページ作成など情報受発信機能の強化を図る。インターネットでは錦通り商店街やしろやま商店会などがホームページを開いている。このページでは商店街の特徴、各店舗の場所やイベントガイド、近くの遺跡の紹介などが書いてあり、来街者にとっては非常に便利になっている。また、ファックスやインターネットを利用した宅配サービスシステムの導入など情報ネットワークの活用を検討する。そして、公共施設利用案内システムや公共施設予約システムの構築についても検討している。

スタンプ・カードの導入なども検討している。スタンプ事業は顧客にシールなどで交付し、ポイントをため金額に変え、割引やイベントへの参加、招待などをする事業である。そのスタンプ事業をカード化するのがスタンプ・カード事業である。スタンプ・カード事業はこれまで銀座商店会などの商店街で導入されているが、こうした商店街個別導入型について研究を行うと共に、中心市街地全体の共通カードの早期導入を検討している。この事業により商店どうしの結び付きが強まるかもしれない。

商店街の活性化は、商店街組織の自発的な取り組みが不可欠なため、意欲のある商店街から商店街の特色を出す事業を実施している。

新しい中心市街地の商業文化の創造に寄与する商品文化、商店街の業種・業態構成の個性化を進めるため、小田原TMOのテナントミックスと連携した事業展開を図っている。

新しい中心市街地の文化を創出するため街並みと店舗のデザインによる個性化やイベントによる個性化、サービスによる個性化、情報受発信による個性化などを図っている。例としては祭の際の売り出しや抽選会、縁日、歩道をカラータイルにしたりシンボルタワーを作ったりしている。また、先に挙げた商店街のホームページなども個性化を図っているといえるだろう。

5 地域活性化の問題点と課題

21世紀に向かい地方自治体をはじめ地域は、大きな転換期に立っている。平成12年（2000）4月から地方分権一括法が施行され、地方自治体は、国から自立した新たな町づくりを始めることになる。このことは、決して楽な道ではない。バブル経済崩壊後の長引く不況で、国も地方も借金財政に苦しみ、その上、介護保険をはじめ高齢化対策が待ったなしで必要とされる。さらに少子化にともなう人口減少が進行していく。郊外型大型店舗の進出で、古くからの中心商店街が活気を失っている。こうした問題が山積している中で、地方自治体とと

もに住民も一丸となって、地域の活性化に取り組む必要がある。松阪市も小田原市も例外ではない。

高齢化にともなう介護保険が、当面の大きな課題になっているが、実際にはさらに大きな課題が、健康で介護の必要のない高齢者を育てることである。それには、個人が栄養・運動・休養による健康維持の努力を行うことが基本であるが、自治体を中心とした地域による取り組みが必要である。例えば、健康に関する知識の普及など健康意識の高揚に自治体や保健所の役割は重要であり、体操や歩こう会など地域での取り組みが個人の健康への取り組みを促進する。このように、今後の地域活性化には、住民の力を引き出すことが、基本となる。高度経済成長期には、先ず施設を造る箱もの行政が推進された。この「箱もの」が財政の足を引っ張る結果となっている。

歴史が古く、遺産や人物の多い両市では、これらの一層の活用が、地域の活性化に繋がるが、小田原市では、平成10年（1998）度に、古い小学校の講堂を利用して、小田原の歴史が分かりやすく理解でき、観光の目玉にもなる「小田原城歴史見聞館」を開館した。また、全国の北条関係者を集めた「北条サミット」を開催し、「市民大学報徳塾」を開設するなど、積極的な取り組みが目立っている。松阪市も、小津家の邸宅を「商人の館」としてオープンさせたが、三井高利をはじめ活用できる遺産・人物は数多い。

地方自治体が抱える21世紀への最大の課題は、財政再建であるが、そのためには、行政改革が欠かせない。小田原市は、平成8年（1996）度から12年度の5年間を推進期間として、「効率的な行政運営と行政能力の向上、市民参加と民間活力の活用、行政サービスの向上」を柱として、職員数を100人削減するなど具体的な目標数値を挙げて、取り組んでいる。市役所は、「1課1廃」運動を進めるとともに、「1課1新企画」運動を前向きに推進している。さらに特筆すべきは、行革の監視役として、「行政改革推進委員会」を設置していることである。

まちづくりの重要な要素としての「モノ」については、松阪市は「松阪牛」、

小田原市は「蒲鉾」という全国的ブランド品を持っている。小田原では、「鈴広」が「蒲鉾博物館」を開設し、工場見学や蒲鉾作り教室などを行い、観光の目玉となっている。松阪にも、松阪牛のことが一目で分かる博物館が必要ではないかと考える。

　地域の活性化の今後の課題として、行政の効率化のため広域化、すなわち、市町村合併が避けて通れぬ問題である。松阪市も、周辺町村と20万都市を形成し、農山村的要素を組み入れた都市づくりを行うべきだと考える。小田原市も、箱根町と湯河原町などを取り込んで、東京・横浜のもっとも近い観光リゾート都市となるべきだと思う。「第5次全国総合開発計画」は、「行政単位の枠を超えた地域間の連携と住民・企業など多様な主体の参加」による責任ある地域づくりを中心戦略に据えている。松阪市は、松阪地区広域行政事務組合を設立し、介護保険などを広域的に取り組んでいる。行政の効率化と合理化のために、一歩進めた合併を志向すべきではないだろうか。

　21世紀の地域づくりの重要なキイ・ワードは「情報化」である。インターネットの普及で情報化も新しい段階に入った。地域から世界に情報を発信することができるようになった。このため、地域差がなくなり、地域の取り組み方が問われることになった。さらに高齢化対策として情報化の充実は欠かせない。松阪市も、「テレトピア松阪」計画を推進しているが、パソコンを使いこなせない高齢者に双方向の情報伝達ネットワークを構築して行くことが課題である。

6　21世紀に向けての提言・提案

　21世紀の日本は、決して夢のような理想社会ではない。バブル経済崩壊後の長期不況の中で、景気対策や金融破綻対策などで赤字国債が乱発され、その付けが繰り越されて来る。地方自治体も似たような状況である。その上、急激に進む高齢化と少子化、人口減少が、経済成長の足を引っ張る。幸い日本が、自

ら戦争を引き起こす可能性は少なくなった。朝鮮半島などで戦争が起きない限り、日本は、一応の平和を維持することができるであろう。そうなると、デフレ基調が続き、国の借金処理が重くのしかかることになる。地方は、それぞれ独自の地域の活性化を、自力で行って行かなければ、高齢化と財政難で押し潰されてしまう危険がある。問題解決の鍵は、地域の特性を生かすアイディアと人材の活用である。住民は、国や自治体に要求するよりも、地域で何ができるかを優先すべきである。老後は、旅行と趣味、ゲートボールというだけでは、21世紀の高齢化社会は、踊る老人に苦しみ支える世代ということになってしまう。

　そこで私たちは、松阪市を中心に、21世紀のまちづくりのためできるだけ多くの提案やアイディアを出し、その実現のための努力を松阪市行政と松阪市民に期待することにした。地方分権化の時代は、国や県主導の画一的な行政から脱却し、松阪市独自の個性的なまちづくりを、行政・住民が一体となって行って行かなければならない。アイディアを出し合うだけでなく、その具体化のために皆で考え、協力しあうことが必要である。

（１）歴史・人物を生かす

　蒲生氏郷をはじめ、松阪に遺された遺産・人物は、松阪市の最大の財産である。これらを将来のまちづくりにどう生かすかが、私たちに課せられた課題である。もちろん、松阪城跡や本居宣長記念館、氏郷まつりなど、これまでも多くのことがなされている。これらを否定するのではなく、さらに多くの人たちを引き付ける施設やイベントなどを企画し、まち起こしを図る必要があるということである。

　これらについては、すでに２で述べたが、その中で特に強調したいのは、「三井高利記念館」の実現である。いうまでもなく三井高利は、松阪商人の代表的人物でなく、三井財閥の始祖である。これにより松阪市のイメージアップに繋がるだけでなく、三井関係者のメッカとなり、観光の目玉ともなる。

　また、日本童謡の祖「本居長世」の記念館設立運動が関係者によって展開さ

れているが、本居宣長の子孫であり、本居宣長記念館に隣接して誘致するのが望ましい。その他の歴史的遺産・人物も、小田原市のような「文学館」や「街角博物館」などで生かしたいものである。

（2）「松阪牛」を生かす

　松阪といえば「牛肉」と言われるほど「松阪牛」は、全国ブランドである。これをもっと観光に生かすため、「松阪牛博物館」を提案したい。松阪牛の作られ方、特色、市内の美味い処案内など、松阪牛のすべてが分かる博物館は、賞味する前の予備知識としても、観光ルートに組み入れることができる。関係業界が取り組めば、それほど難しいことではないであろう。小田原には、鈴広の「蒲鉾博物館」がある。

（3）老人パワーを生かす

　高齢化で介護保険が問題となっているが、肝要なのは介護の必要のない健康な高齢者に対応することである。それには、健康を維持することが第一であるが、それとともに生きがいを持つことが必要である。趣味に生きるのもよいが、社会に貢献する仕事を持つことが重要である。出来れば報酬の得られる仕事を与えることである。また、郷土の観光ガイド、子供たちへの遊びや読書の指導、寝たきり一人暮らしの高齢者への買物サービスなど、ボランティア活動も、生きがいとなる。高齢化を逆手にとり、老人パワーをまちづくりにどう生かすかが課題となる。

（4）街に個性と付加価値を

　伊勢神宮に「おかげ横丁」が付け加えられて、伊勢参りの楽しみが倍加された。このように、他のまちにない個性を出すことと、それをさらに有効にするための付加価値をつける工夫が必要である。例えば、「越後屋」を創業時に近い形で復元し、三越に経営させる。店舗の現物販売よりも、カタログ販売を中

心にすれば、投下資本も少なく、地元の人も三越の品が手に入るし、三越から贈答品が贈れるようになり、店舗は観光資源となる。

　このような市民の知恵は、歴史の町松阪でいくらでも湧いて出るのではないだろうか。

（5）情報化でネットワークを

　21世紀は、情報化が日常化・一般化する時代である。松阪市も、「テレトピア」計画など情報化を推進してきているが、それを日常的にどう使いこなすかが課題である。高齢者のためにただパソコンを配備しても、本人がそれを使えなければ、猫に小判となってしまう。ネットワークのハード面の推進は、当然必要であるが、それを活用するための、ノーハウやソフトの普及も同時に行わなければならない。私たちは、先進的な岐阜県可児市の「コミュニティ・ネットかに」を視察し、松阪市にも、同様な設備の必要性を痛感したが、それとともに、その活用の重要性を感じた。

（6）地域の活性化に開発も欠かせない

　21世紀は、環境の時代ともいわれる。松阪市は、幸い自然環境に恵まれ、この自然を守ることは、市民の願いであるのに間違いはない。しかし、地域の活性化と市民生活の安定を考えると、開発も必要であると言わざるをえない。今後の急激な高齢化の進展は、必然的に税収減に繋がる。行政のレベルを保ち、市民生活に支障をきたさないようにするためにも、ある程度の開発は避けて通れない。松阪市は、人工島による松阪港の改善と周辺施設の開発を計画しているが、これだけでは採算をとるのに不十分である。私たちは、人工島に火力発電所を誘致する計画案を検証した。（「人工島による火力発電所設置計画の政策的課題と展望」通商産業省研究助成による阪上順夫と松阪大学院生との共同研究）

（7）国際化で世界に発信を

　国際化の時代は、地方都市でも世界的存在となり得る可能性を持っている。インターネットは、世界と繋がっているし、外国人との交流の機会も増えている。外国人の居住者も、多様になっている。松阪市を紹介する英文などの外国語のホームページを開設するのはその第1歩であるが、今後は世界の都市と情報によるネットワークづくりが課題である。それだけでなく、外国の都市との具体的な交流や、外国人の受け入れが必要となる。さらに、市内居住者の外国人の対応や交流が要請される。市の案内が、英語以外の中国語、韓国語、スペイン語、ポルトガル語などで発行されている市も多くなってきている。内外への国際化を格段に進めるのが、21世紀の課題である。

（8）ベンチャー企業とNPOの育成を

　地域の活性化に、ベンチャー企業とNPOの育成は急務である。外からの企業誘致だけでなく、如何に地場産業を産み、育てていくか課題である。今後は雇用問題が重要になる。新しい農業の開発や、情報産業の開発、シルバー産業の展開など、市民の知恵を引き出せば、多くの可能性がある。さらにNPOも、非営利とはいえ重要な雇用の一翼を担うものである。ここで「松阪まちづくりセンター」構想案を提案する。（参考資料5、57頁）

（9）新松阪文化を

　かつて松阪には、松阪商人とともに栄えた町人文化があった。新しい松阪市民文化を創造することが必要である。松阪市でも、本居宣長記念館を中心にして「本居学」の研究が進められているが、多様な分野での文化・芸術の創造が期待される。

（10）松阪大学を生かせ

　松阪市には、松阪大学・大学院・短期大学があり、2,000人の学生がいる。

これまでも公開講座や図書館の市民への開放、研究の委嘱などで、連携してきた。今後は、松阪大学と松阪市民が、もっと積極的にまちづくりのために協働する必要がある。大学には、地域社会研究所があり、地域問題に取り組む素地がある。

(11)「大松阪市」を目指して

21世紀のまちづくりには、行財政を効率化し、広域的に対応する必要がある。介護などですでに広域行政は進められているが、市町村合併にまで踏み込まなければ本当の成果は出てこない。これには、首長や議員の抵抗があるだろうが、これらのリストラも合併の成果の1つである。松阪市の都市的機能と周辺町村の農山村的機能を組合せて、新しい産業や市民パワーの創造を生み出して行くべきである。

執筆分担
阪上順夫　はしがき、1、5、6、
北河　亨　3、
高岡典生　2、
藤本真司　4、
松阪大学大学院の「政策過程論」(担当阪上)の受講院生(北河、高岡、藤本)に市民の参加者として10人程が加わったが、最終的に、山崎新太郎、坂井幹、川口浅蔵の3氏が残って、共同研究を行った。

小田原市の「街角博物館・木造嵌ギャラリー」、その他に「梅」、「薬」、「かまぼこ」などの街角博物館がある。

《参考資料1》

歴史的人物・遺産の活用

松阪市

人物	遺跡	関連施設	イベント・文献・資料
蒲生氏郷	松阪城跡		氏郷まつり
			「蒲生氏郷」歴史春秋社
本居宣長	鈴屋	本居宣長記念館	「古事記伝」
角屋七郎兵衛			
三井高利	三井家発祥の地		「三井高利のすべて」
			（歴史漫画）
小津清左衛門	松阪商人の館		
富山長左衛門			
竹川竹斎	射和文庫		
	御城番屋敷		
		歴史民俗資料館	
梶井基次郎		文学碑	「城のある町にて」
丹羽保次郎			
丹羽正伯			
本居長世		記念館設立運動	童謡「赤い靴」などの作曲

《参考資料2》

小田原市

人物	遺跡	関連施設	イベント・文献・資料
源　頼朝	石橋山古戦場	佐奈田霊社	
曽我兄弟	曽我の里		

北条早雲	小田原城跡		北条五代まつり
			「箱根の坂」司馬遼太郎
豊臣秀吉	石垣山一夜城	小田原城歴史見聞館	
二宮尊徳	生家	尊徳記念館・報徳二宮神社	
北原透谷 尾崎一雄など		小田原文学館	
北原白秋		白秋童謡館	
松永安左衛門		松永記念館	
茶木　滋		めだかの学校	

《参考資料3》

松阪市の概況（三重県のほぼ中央）

東西22.7km　南北15.5km　総面積209.64k㎡　県全体の3.7％

（面積県内4番目）

文化交流提携　滋賀県蒲生郡日野町　蒲生氏郷(がもううじさと)の生誕の地

1889年（明治22年）町制施行　松阪町
1933年（昭和8年）市制施行21.75k㎡　7,089世帯、34,546人
1990年（平成2年）209.63k㎡　36,846世帯、118,725人
1995年（平成7年）209.63k㎡　40,400世帯、122,449人
1997年（平成9年）209.63k㎡　41,827世帯、123,582人

・年齢別人口割合（平成7年、単位％）
　　～14歳　16.1　　男　17.1　　女　15.2
　　～64歳　67.2　　男　68.8　　女　65.7

65歳〜　16.7　　男　14.1　　女　19.1

・流入・流出（平成7年10月1日現在　国勢調査）
　市外→松阪市　就業者16,904人、通学者3,945人、計20,849人
　松阪市→市外　就業者15,731人、通学者2,296人、計18,027人

・統計からみた松阪市（平成9年）

出生	1日に3.3人	世帯人口	1世帯あたり3.0人
死亡	1日に2.9人	人口密度	1km²あたり590人
転入	1日に12.8人	教　員	小学生17.3人に1人
転出	1日に11.9人		中学生15.5人に1人
結婚	1日に2.1組		
離婚	1日に0.6組	乗用自動車（軽含）	1世帯1.8台
ゴミ総処理量	177トン	消防職員	563人に1人
し尿	203kl	市職員	82人に1人
交通事故	12.6件	市税	1人あたり46,993円
刑法犯罪	5.2件	市の予算	1人あたり306,889円
火災	0.4件		

《参考資料3―2》

松阪市の概況

・産業別人口（平成7年10月1日現在　国勢調査）合計　62,553人
　　　第一次産業　3,674人　構成比　5.9％
　　　第二次産業　21,673人　構成比　34.6％
　　　第三次産業　37,206人　構成比　59.5％

・農業　（平成7年2月1日現在　農業センサス）

農家数5,108戸　農家人口24,012人
　　　（専業農家411戸 8.1％、第1種兼業農家512戸 10％、
　　　　　　　　　　第2種兼業農家4,185戸 81.9％）
　　　経営耕地面積484,110a
　　　（田428,223a 88.5％、畑42,184a 8.7％、樹園地13,703a 2.8％）

・漁業　（平成5年11月1日現在　漁業センサス）
　　　漁家数281戸　漁家人口1,454人
　　　（専業漁家52戸 18.5％、第1種兼業漁家140戸 49.8％、
　　　　　　　　　　第2種兼業漁家89戸 31.7％）

・産業別構成　（平成8年10月1日現在　事業所・企業統計調査）
　　　事業所数7,701所
　　　（卸売・小売業・飲食店3,346所 43.4％、サービス業2,186所 28.4％、…）
　　　従業員数62,410人
　　　（卸売・小売業・飲食店18,113人 29％、製造業15,903人 25.5％、…）

・商業　（平成6年7月1日現在　商業統計調査）
　　　商店数2,256店　従業員数12,057人
　　　年間商品販売額　364,649百万円

・工業　（平成8年12月31日現在　工業統計調査）
　　　従業員4人以上の事業所
　　　事業所数402所　従業員数13,240人
　　　製造品出荷額等380,170百万円

《参考資料4》

小田原市の概況（神奈川県西部）
　東西17.5km、南北16.9km　総面積114.06km²　県全体の4.7％
　　　　　　　　　　　　　　　　　　（面積県内3番目）
　姉妹提携都市　栃木県今市市　二宮尊徳つながり
　　　　　　　　米　カリフォルニア州　チュラビスタ市

　1889年（明治22年）町制施行　3,000戸、19,000人
　1940年（昭和15年）小田原市に　57.54km²　54,699人
　1971年（昭和46年）橘町と合併し現在の姿に　166,211人
　1995年（平成7年）200,103人　67,916世帯

・年齢別人口割合（平成7年国勢調査、単位％）
　　～14歳　15.5　　男　16.1　　女　14.9
　　～64歳　70.4　　男　71.8　　女　69.0
　　65歳～　13.7　　男　11.6　　女　15.8

・流入・流出（平成7年10月1日現在　国勢調査）
　市外→小田原市　　就業者31,556人、通学者7,407人、計38,963人
　小田原→市外　　　就業者34,472人、通学者7,156人、計41,628人

・統計からみた小田原市（平成10年）
　　出生　1日に5.5人　　　　世帯人口　1世帯あたり2.9人
　　死亡　1日に4.4人　　　　人口密度　1km²あたり1,756人
　　転入　1日に22.2人　　　教　員　小学生21人に1人
　　転出　1日に22.1人　　　　　　　　中学生17人に1人
　　結婚　1日に6.6組（平9）

離婚　　　１日に1.5組（平９）　　　乗用自動車（軽含）　１世帯1.2台

ゴミ総処理量　212トン（平９）　　消防職員　　925人に１人

し尿　　　　　18.1kl（平９）　　市職員　　　89人に１人

交通事故　　5.8件　　　　　　　　市税　　　　１人あたり178,747円

刑法犯罪　　11.6件　　　　　　　市の予算　　１人あたり295,408円

火災　　　　0.2件

《参考資料４−２》

　小田原市の概況

・産業別人口（平成７年10月１日現在　国勢調査）合計105,877人

　　　第一次産業　　3,628人　構成比　3.4％

　　　第二次産業　　36,086人　構成比　34.1％

　　　第三次産業　　65,753人　構成比　62.1％

　　　分類不能　　　410人　構成比　0.4％

・農業　（平成７年２月１日現在　農業センサス）

　　農家数2,926戸　農家人口13,680人

　　　（専業農家368戸12.6％、第１種兼業農家423戸14.4％、

　　　　　　　　　第２種兼業農家2,135戸73％）

　　経営耕地面積184,099ａ

　　　（田54,857ａ29.8％、畑21,165ａ11.5％、樹園地108,077ａ58.7％）

・漁業　（平成５年11月１日現在　漁業センサス）

　　漁家数48戸

　　　（専業漁家９戸18.8％、第１種兼業漁家18戸37.5％、

　　　　　　　　　第２種兼業漁家21戸43.7％）

・産業別構成（平成8年10月1日現在　事業所・企業統計調査）

　　事業所数　10,445所

　　（卸売・小売業・飲食店4,820所 46.1％、サービス業2,712所 26％、…）

　　従業員数　104,668人

　　（卸売・小売業・飲食店33,626人 32.1％、サービス業26,618人 25.4％、…）

・商業　（平成9年6月1日現在　商業統計調査）

　　　商店数 2,998店　従業員数 19,515人

　　　年間商品販売額531,045百万円

・工業（平成9年12月31日現在　工業統計調査）

　　　従業員4人以上の事業所

　　　事業所数426所　従業員数18,087人

　　　製造品出荷額等810,320百万円

《参考資料5》

　　　　　　　　「松阪まちづくりセンター」構想案

1．NPOとして設置する。
2．市民、松阪大学、院生・学生、その他によって組織する。
3．空き店舗を活用して、中心市街地活性化の一助とする。「まちの駅」を開設する。
4．事業内容
　①松阪市のまちづくり、イベントなどの企画、実施。
　②松阪市の観光宣伝、案内、特産品の宣伝・販売。
　③インターネットによる観光案内と特産品の販売。
　④松阪牛博物館、三井高利記念館などの設置運動、街角博物館の推進。

⑤お休み処、喫茶業など。市民、学生、住民団体などの交流の場として、「まちの駅」を開設。
⑥高齢者のための仕事の斡旋。
⑦その他まちづくりに関連する事業。
5．松阪市、松阪大学、松阪市商工会議所、松阪市農業協同組合、などの協力を得る。

《参考資料6》

地方都市活性化への考究について

山崎　新太郎

　この考究の目的は21世紀を目前に日本も含め各国が政治的・経済的に混迷を極めている現状に鑑み、少子高齢化の極めて高い比率が世界で突出している、我が国の就中地方都市の活性化に如何に対応して行くかを、比較的あらゆる事象が類似している神奈川県の小田原市と当松阪市を取り上げ、互いに情報を交換しこの不況下の将来に向けての、活性化対策を、民間サイドで考慮してみようとする事を目的としている。
　公的機関においてもそれぞれ独自に都市活性化の手段の検討は既に官僚的発想のもとに、為されてはいる。これが住民参加の上で十分に、検討がなされていないと思われる点もある。
　夫々の都市において、種々活性化対策が立てられ、億単位の財源を当て議会の承認を得たならば、即民主的な手続きを経ておるのであるから、問題は無いとはまさしく正論である。果たしてそうであろうかとの、疑義を持つような事案も無いことは無い。将来性の有無の吟味が十二分になされているか。将来の結果はやって見なければ、評価はできないのでは、困るのである。
　英国は議会政治の確立に100年を要したと云う。しかし乍ら我が国は戦後五

十数年余経ても、必ずしも議会政治が確立しているとは、到底思われない節が有る。

　これは心ある国民の均しく感じているところであるのは、否めないと思量される。

　最近各地方の自治体では、盛んに所謂、「まちおこし」（市町村を含め）と特異な発想を樹立して、自治体の活性化対策に一応の成果を揚げている面も窺われる。しかし大抵は他の市町村で施行した事業で一応の成果を見たものを取捨選択して、そのコピーにも似たものが存在することもある。

　それを独自のものとして成功させるのは、帰するところ、携わる関係者の「人」の問題である。活性化計画がどんなに立派であっても、所詮「人」の質の問題に帰着する事を念頭におかねばならない。

　その事業計画に参画する関係者の選び方に慎重を期し、本当に郷土愛に燃え活動する人物を選任することである。じっくりと時間を掛け慎重に、綿密な計画を住民参加の上で検討に検討を重ねた上で、住民総意の納得を得た上での事業計画を樹立する事である。官僚的発想のもとに予算を樹立し、上部機関から補助金を獲得したから、やってみようでは後々問題が残ると思われる。

　前述のように議会の承認を得ているから民主的に実施したので、予測の難しい将来的な結果は如何に在ろうと、そのときの社会的な情勢次第で変化して期待どおりに行かなかった場合までもの、責任は負えないと云われるのは困るのである。

　今回この研究会に参加された各氏におかれては、都市活性化対策に何を主眼に持ってくるかの考究について、小田原市と比較対象して対策に利用可能な諸元毎に各それぞれ構想を練られたことと思う。

　私は松阪市の文化面、特に歴史的人物と歴史的遺産の構造物等に焦点を当てて次ぎのように考えている。

　歴史的諸元の内人物については、特に人口に膾炙されている著名な方々を、

何如に都市活性化に寄与させるかの問題と、奇しくも小田原市と地縁的に過去において、どう小田原市と係わりを持たれていたかを知り得た人物を紹介したい。

（1）松阪での歴史上の著名人物について

蒲生　氏郷
松阪城下町開府の藩祖。現代の茶道の家元千家と氏郷の関係は千家利休が秀吉により切腹後の千家再興の功労者としての蒲生氏郷公の因縁踏まえる事。

三井　高利
（1622～1694）遠祖は藤原道長の四男長宗と云う。江戸初期の伊勢商人江戸・京へ進出の豪商。維新当初の明治政府に財政的援助を果たした。日本の巨大財閥三井家の始祖。

本居宣長
（1730～1801）江戸時代の後期の著名な国学者。古事記伝の著者。

角屋七郎兵衛
（1610～1672）江戸初期の貿易家。本姓松本氏・信州松本の出身。祖父七郎次郎秀持は、織田信長憤死の本能寺の変に際し徳川家康を伊勢白子から持船で三河へ避難させた功労で分国内、航行自由の朱印状を授かり国外の安南にも雄飛貿易に従事。安南国王の王女を妻とした。<u>徳川家と小田原城の北条氏のもとで、海運業で用を便じた。</u>菩提寺は松阪市の樹敬寺に一族の墓碑がある。

三井　友翰
（1636～1707）俳号は大淀三千風　松阪市射和町の商家の出身・芭蕉翁と比肩の俳人。神奈川県大磯町に西行法師ゆかりの鴨立庵を建て、初代庵主となる。墓は射和共同墓地内にある。庵主は現代24代目で運営されている。

丹羽　保次郎

電送写真の発明家・テレビの原理に関係。日本文化勲章第一号授章。

丹羽　正伯
（1700〜1752）名は貞機。京都に出て山脇玄修・並川天民について医学を修めた。薬草の本草学を学び、後江戸幕府に仕え庶物類纂の増補を命ぜらる。薬草採集のため諸国を旅行し、箱根・日光・富士山・吉野山などの山野に登った。幕府医官に任ぜられ、広く大衆の便をはかって「普救類方」を撰した。

本居　長世
本居宣長翁の養子で和歌山藩主に仕えた国学者本居太平の子孫で、日本の著名童謡作曲家である。

富山長左衛門
江戸初期の射和出身の豪商で、**伊勢商人としての関東進出の拠点を小田原城下に求めた人物**。松阪市と小田原市を対比研究するのに興味のあるところである。富山家の広大な八棟造りは大正初期まで松阪市射和町に在った。現存すれば重要文化財である。江戸時代の小田原城下の外郎（ういろう）と言う薬屋の八棟造を模して建てた由である。

等々歴史的人物は枚挙に暇が無いのである。

　歴史的人物は、その土地の永い長い年月に培われた独特の風土と、その当時の社会的な背景と情勢の中で輩出した。我々は郷土にこの人たちを生んだ事に誇りを持ち、その人々を社会に喧伝、顕彰することは、畢竟我が郷土を広く認識させる手段となることに思いを致して、その顕彰と喧伝の方法を工夫して、郷土の活性化に連動させる計画を樹立して行きたい。
　特に偉大な国学者であった、本居宣長翁の事績を広く社会に喧伝し、なお一層の認識を深めさせる事も肝要である。
　後世に仕え万古不易の、広くは世界的にも認められている、16,000点にも及ぶ本居宣長翁の膨大な学術的な遺品・著書は貴重な文化財遺産である。

これらは本居宣長翁直系のご子孫で、東京都の本居清造氏の高潔なご意志により松阪市に寄贈された。この保存は市に恒久的に本居宣長記念館としてその責めを果たしている。200数10年を経た貴重な資料の参観者は全国各地から来市している。開設当初は年間5万人にも及んだと云う。現在は約3万人程度とか。記念館の規模とか、機構等に些か検討を要すべきものが有るものと考察していた。

本居宣長翁は享和元年（1801）9月29日に逝去されて、21世紀初頭の年平成13年のご命日は没後200年忌を迎える事になる。この記念すべき年に記念館の改築と改造を図る計画が、既に平成10年度に立案計画されておると仄聞し、誠にご同慶の至りと感ずるところである。

完成の暁には全国的にPRを展開して、更なる参観者の増加を図りこの面からの松阪市へ集客を図ることは、市の活性化に寄与するところ、大なるものがあると思われる。この改修に要する経費の財源確保には、全市官民の絶大な協力を惜しまない事である。因に本居記念館は財団法人によって運営されている。

次ぎに99年NPOで本居宣長家に関係のある、日本童謡の作曲家として活躍した、本居長世（1885～1945）記念館建設の機運が醸成されつつあるのは、まさに時宜を得た、松阪市の活性化対策に重要な諸元の一つに加えて、立派な完成を期待したい。

これまた全市民的な協力を惜しんではならない。NPOの企画では、全国的な規模で資金造成に取り組まれる様であるのも心強い。

この企画は誠によき人を得て、金田一春彦氏・歌手の安西愛子さんらがプロジェクトに参画されているのも頼もしいかぎりである。

（2）歴史的遺跡・構造物について

松阪城の遺跡

　城の石垣いわゆる城塁は数年前より約数千万円の巨費をかけ専門職の石工によって実に往時の規模に忠実に修復工事が進捗中である。この規模は全国的に見て十指の中に数えられる、壮大な約400年前の城郭の遺跡として誇ることの出来るものの一つである。

　市内愛宕山竜泉寺の表門は松ケ島城の城門を松阪城に移築との伝承はあるが、確たる資料はないのは残念である。しかしながら城の石垣は壮大で一見の価値は十分である。

　ここ10数年程前に天守閣再建の事が観光客誘致の手段としてまた当市のシンボル的なものとして再建を論議された事がある。幕末の御城番役の子孫すら消極的論に傾き現在は影を潜めている。

　戦国時代の英傑で文武に秀でた、蒲生氏郷が天正12年（1584）松ケ島城に12万石の大名として近江日野より入府し、天正16年（1588）築城した天守閣ほか金の間櫓・敵見櫓なども正保元年（1644）台風により、建築後50数年で倒壊したと伝えられている。

　天守閣の設計図は何故か見あたらないと云う。（当時としては機密を要する城の設計図は仮に在ったとしても余人の目にふれることは至難であっただろうと推測する。）

　天守閣を復元するにも設計図絵の資料の無いのに復元は不可能である。そのなかで敢えて福井県に現存する400年前の三層の丸岡城の天守閣に似せて復元する事に、疑義を抱いた人々の意見も採られたものと思われる。

　尚その昔、徳川譜代の紀州家の武士団の中で家康直参の与力として遇されたのに、幕末の頃、紀州家の家老の陪臣とされたのに抗議して浪人となり、元の資格を得るべく奔走努力し和歌山城下長保寺の海弁和尚の仲介もあって15代将

軍慶喜に願い出でた。許され、松阪に御城番屋敷を建てここに、赴任した。この子孫の方々は現にこの屋敷に住まいしている。この子孫の方々は天守閣再建には異議を唱えておられる事も留意すべき事である。

御城番屋敷

前述の御城番屋敷は城の搦門（裏門）の下の在り、今なお子孫が住居している。そのうちの一戸は史跡として修理を加え参観に開放している。市内への観光客の出入りもあるが、常設の管理人は置いてない様でこれは市として一考を要する。多数の参観者が無いからであろうか。近くには、城内にあった米蔵も移築して当時の面影を残している。

松阪大橋の復元

現在「商人の館」として整備された豪商小津清左衛門の旧宅跡は市内を貫流する阪内川に架かる松阪大橋の川畔にある。

江戸時代の名所図絵にもある、往時市内を貫通する伊勢参宮街道の松阪大橋は伊勢神宮の宇治橋に次ぐ立派な橋で、優美な欄干に擬宝珠のおかれた木橋であった。

昭和30年代半ばの洪水後、コンクリート製の木橋に模して改装されイメージが壊された。由緒のある擬宝珠は模造に置き換えられた。本物は民俗資料館に保管されている。

「商人の館」の辺りに昔ながらの木橋を復元し、これを渡り「商人の館」に入るのも趣のある格別の物となろう。

館の前には江戸時代の高札場があった事が伝承されており、地元本町の住人の「町づくり」対策には復元したい構想がある。実現すれば景観的にも風趣がうまれる。ほかには大橋を朱塗の橋にして色彩効果もあげてみたい構想もある。

これには行政サイドも積極的に取り組み、数十年間藩主の在城した城下町で在ったよすがを取りもどし、楽市楽座で栄えた商人の町で在ったことを、景観

的にも取り戻すことも視野に入れて、対処を待ちたいところである。
　天守閣を復元する経費より余程少なく済む観点からも実現可能と思われる。

松阪市民俗資料館の拡充と移転

　明治年間の日本建築の図書館を改造した、民俗資料館は展示物を時折取り替えて、何々特設として、例えば「射和白粉製造過程」とか「豪商の資料」とかの展示替えを実施している。系統的に資料を展示するにはいかにも手狭である事は否めない。

　撤退した鐘淵紡績工場跡の宏大な敷地は、現在公園化に着手されているがまだまだ土地には余裕が感じられるので民俗資料館移転に一考の余地はあるものと思われる。

まとめ

(イ)　市内の活用可能の諸元の模索を行い、何が市の活性化に寄与するかの研究を官民共同で検討する事。前述の本居宣長記念館の充実は当市の主要眼目のひとつとして捉えて行きたい。
　　　ほかには俳人大淀三千風忌（宝永4年（1707）1月8日没）を修し、全国的規模の俳句大会の開催の計画は全国数百万人と云われる俳句人口によき宣伝効果有りと思われる。松阪城跡に俳人の吟行誘致をはかり「上野市の芭蕉忌。伊勢市の守武忌」にも対応可能である。

(ロ)　記念館・美術館・博物館等の建設による所謂、箱物による集客を図る手段の検討。展示物にはほとんどが学術的なものが大半である。よほど人の興味を牽く物の選定に苦慮するところである。
　　　日本においては此処でしか参観できないものと、よほどの魅力のあるものを選ばなければならない。当松阪市でもまだまだ発掘可能の歴史的遺物の存在は可なりあり民俗資料館に展観できる歴史的遺産を個人

的に所持されいる方々の協力を得て借り受けも考えてみるのも方策では無かろうか。個人的温存は意味の無いことである。

長野県北部の小布施町（人口12,000人余）の北斎美術館は市村次夫氏が個人で約20年間をかけて、国外に流出した物も含め収集した北斎の画業の集大成を展示している。

この館の参観も含め小布施町へは年間、120万の人が来訪すると云う。北斎美術館以外にも、魅力ある「町づくり」ができている街である。「人」を得た画期的な運営の成功例の傑出した一つの例であり特筆大書の事績である。小布施町の個人経営の小布施堂施設は自治体は関与せず町の活性化の寄与しているこの示唆は大いに参考になる。全国から視察団体が多数あるよし。

小田原市も歴史的諸元の活用を図り記念館（北原白秋童謡記念館）・小田原城歴史展示館、歴史的史跡の対策には工夫をされて居た。その土地土地の風土背景によくマッチしたものとして見学した。

《参考資料7》

小田原市の見学会に参加して

坂井　　幹

　去る99年7月19日阪上先生、大学院生の小田原市視察に同行した。小田原市についての予備知識もなく、僅か1日ばかりの視察で報告することは僭越であるが、お許しいただきたい。

Ⅰ　市街地を通って
　車で通過した町の様子についてはさだかでなかったが、帰路、小田原城の

大手橋から小田原駅までの商店街を歩いてみた限りでは、駅前通りは別として、商店街の道幅はそれ程広くなく、賑やかで、商店への客の出入りも多かった。また、それぞれの商店の飾り付けにも工夫されているように思った。また、戸閉めの店、空き地化している土地もあまり見られなかった。

しかし、駅前のビルにある大型店舗が近く閉店するという話を伺った。

そこで、小田原市の商店街に活気があるのはなぜだろうかと考えてみることにした。小田原市と松阪市を対比するための資料を求めたが、適当なものが入手が出来なかったので、朝日新聞社編「'98民力」の民力総合指数の一部を引用して比較した。

項　　　　　目	松阪市	小田原市	年度
総面積（平方キロ）	209.6	114.1	'96
住民基本台帳人口（人）	121,830	198,547	'96
人　口　密　度	581	1,741	
スーパーマーケット店数	31	32	'97
所得格差（全国　100）	90.1	113.8	'97
地方税収入額（百万円）	15,542	34,438	'96

①総面積……………小田原市は松阪市の約1／2である。（54％）
②住民基本台帳人口…小田原市のほうが松阪市よりも多い。（163％）
③人口密度……………小田原市は松阪市の約3倍である。
④スーパーマーケット店数…人口対比したときに小田原市の方が少ない。
⑤所得格差……………自治省税務局市町村課が平成9年度による人口1人当りの課税対象所得額によって、全国平均を100として算出した数字で、小田原市は松阪市よりも28.9ポイント上回っている。
⑥地方税収入額………自治省財政局指導課の平成8年度市町村決算状況調による数字で、小田原市は松阪市の2.22倍の税収入がある。
　これを人口差を考慮して同数であったならばということで試算をしてみ

ると、1.36倍となる。

以上の項目・数値から小田原市と松阪市を比較してみる。
　(1)　面積・人口などからみると松阪市は小田原市に比べて耕地・山林などの面積が多いということが推測される。このことは、松阪市は広々とした自然環境に恵まれた生活が出来て幸せなこととも言えるが、現在のように農林業の収益が少なく、兼業化して高齢者が辛うじてその経営維持をしていることを考えると、今後の農林業の課題は大きい。
　　　農林水産業の活性化は、ひいては商店街の振興の要因のひとつになることも考えられる。
　　　一方、行政面から考えると、公共施設に要する経費の割合は松阪市の方が多くなるだろうことが推測できる。
　(2)　スーパーマーケット店数が小田原市では松阪市と比べて、人口対比で少ない。小売商店が活性化しているため大型店舗が入り難いのか、大型店舗が少ないので小売り商店が活性化しているのか。いずれにしても松阪市における市街地振興は大きな課題であろう。
　(3)　小田原市の所得格差が松阪市と比べ28.9ポイント高いということは、松阪市にくらべて所得が多く、ゆとりがあり、これが購買力に反映して商業の活性化に繋がっているのではないか。
　　　松阪市は反対に全国平均を下回っていることを考えると個人消費も控えめになっていることがうかがえる。
　(4)　地方税収入額が小田原市の方が多額である。(3)で述べた個人所得の格差があることをあわせて考えると小田原市は松阪市に比べて財政が豊かである。
　　　このことは今すぐ解決出来ることではないが、少ない予算を最大限に活用する知恵と工夫が望まれる。
数値からみると小田原市は松阪市に比べて利点が多いが、これをいろいろな

面も含めて考えてみる。
◎人口が集中している。
　小田原市は市街地に人口が集中しており、松阪市は中心部が過疎化している。
◎就業の場が多く、通勤に便利である。
　小田原市はJRで東京まで約90分、横浜まで約65分、また、小田急で新宿まで急行で約90分の位置にあり、その途中に東京区内・横浜・川崎などの大都市圏があって、就業の場が多い。また、通勤時間からみてもベットタウンとしても役割を果たしている。
　一方、松阪市も名古屋市まで交通機関の利用で約70分位の位置にあり、小田原市とあまり変わりがない。また、途中に鈴鹿・四日市の工業地帯はあるが、その規模は関東地方とは比較にならない。従って就業の場が確保できにくい。
◎観光地が近く、交通の要所である。
　小田原市は前述のような位置にある上に、小田急の始発点であり、近くに箱根という有数の観光地を有し、しかも通過地点でなく、箱根登山鉄道の始発点で乗客は立ち寄るという利点がある。また、箱根は小田原経済圏の中にあり、他にも湯河原・真鶴などもこの圏内である。
　松阪市も伊勢志摩に隣接する位置にはあるが、観光客にとってみれば、単なる通過地点にしかすぎない。また、近年高速道路の開通が益々それに拍車をかけている。
◎商店街に適した道路がある。
　細かく調査したわけではなく、ただ通ってみただけではあるが、小田原市の商店街の通りは、道幅が狭く買物客が歩いて買物が出来る環境にあるように思った。商店街はこのような環境が適しているのではないかと感じた。
　松阪市の中心商店街は美しく整備されているが、車の通行が多く、歩

いての買物がしにくいように思われる。また、無料の駐車場も少なく、つい、郊外の大型店舗を利用することになる。このことは少なからず商店街の経営に影響していることになると思う。

◎大型店舗が人口の割にすくない。

　小田原市は人口対比で松阪市に比べスーパーマーケットなど大型店舗が少ない。このことは市民の小売業商店での購買率が高くなって商店街の活性化を促す要因になっていることと思う。

　松阪市においては、その置かれている種々の条件を考えると難しい課題を多く抱えているが、市民の英知を集め、これを克服して大型店舗と小売業商店とが共存共栄できることを考えることが大切である。そして、そこに住む人、とくに高齢者に優しい街づくりを考える時代ではなかろうか。

　結局、就業地を確保し、若者が地元に定着して生活しやすくなるような方法が得られたならば、例え兼業商家・兼業農林業家となっても、小売業者も農林業者も次代に生き残っていくことになり、高齢者もやる気を持って将来を真剣に模索しながら楽しく生きていくだろう。住民サイドの街づくりを提言したい。

II　小田原市の観光施設を見学して
1．見学した施設は小田原城址、小田原文学館そして街かど博物館であった。

(1) 小田原城址
　　人口密度が高い小田原市では、城跡の景観はほっとする場所であり、規模も大きく、城門なども整備されている。一部であるが堀も残されていた。

(2) 小田原文学館

北村透谷、尾崎一雄、川崎長一郎などの出身者や小田原ゆかりの北原白秋、谷崎潤一郎、坂口安吾、川田順などの文学作品を展示したユニークな施設である。建物の周辺は武家屋敷のあった処で、まだ、昔を偲ばせるたたずまいがあり、建物は元宮内大臣伯爵田中光顕の別邸を利用しており、顕官の別邸らしく洋と和の調和美をもっていた。

(3) 街かど博物館

　その道一筋の職人さんの作品や古き道具などを現に居住している家を利用して街かど博物館としている。忘れられていく技術や道具を残していこうとする気持ちに感動するとともに、その場で直接に説明していただけることは良い企画である。

2．松阪の観光施設について

　松阪市は観光地としての内容は豊であるが、見学地としての施設整備は十分でない。

　その目玉はなんといっても、松阪商人・本居宣長・松阪城跡であり、全体が適当な行動範囲内に存在している。

　松阪市の観光について大きく分類すると次のように分けられる。
　　①松阪商人関係……三井家発祥の地・小津家(商人の館)・長谷川邸
　　②松阪城関係………城跡・御城番屋敷・同心町(殿町)のたたずまい
　　③文人関係…………本居記念館・ちとせの森
　　④伝統産業関係……松阪木綿手織りセンター・松阪万古・射和万古
　　⑤特産物……………松阪肉・農林水産物・菓子類
　　⑥歴史的遺産………古き建物・家並み
　　⑦その他

以上のようなものは、最近掘り起こしが進みつつあるが、まだ手のつけられていないものも多い。これらの物が滅失しないうちに保存・振興に着手しなければならない。
　最近、市内を散策する旅人を見るようになったことは、大変うれしいことであるが、松阪市は伊勢志摩という大観光地への通過点であり、前述したように伊勢志摩の陰げにかくれてしまっている。鉄道で通るならば停車中の一瞥の町であり、高速道路では一瞬に走り去る町である。
　この伊勢志摩への観光客を如何にして、松阪市に足を踏み入れさせるかが課題である。
　このために、各施設の案内板の設置や宣伝に工夫すべきであろう。
　また、松阪駅を降りた時から松阪らしさを感じさせる町並み造りをしていくことが望まれる。
　松阪木綿の掘り起こしをした手織りセンターの努力は見習うべきであり、滋賀県長浜市の街づくりも参考の一つであろう。

　また、観光PRは往々にして点の案内となりがちであるが、これを線、面の観光にする必要があろう。たとえば、松阪と斎王宮そして伊勢志摩の一体化は出来ないか。昼食と松阪・斎王宮の日帰りコース・伊勢志摩と松阪の一泊コースなど旅行社とのタイアップなど考えて、松阪独自のものを生み出す努力が望まれる。
　去る99年10月25日から11月18日まで県内で実施された「平成の伊能忠敬ニッポンを歩こう」の催に参加された県外の方々が「歴史資料の提供を受け、親切にしてもらった」、「沿道での歓迎は最高であった」、「温かく迎えてくれて何でも教えてくれた」などの印象を語っておられたと、新聞は報じている。
　観光の原点は市民1人1人が松阪に来てくれた旅人をいかに温かく迎えいれ、親切にするかであると思う。笑顔をたやさぬ市民、来みてよかったという松阪の観光の顔が松阪により多くの人々を迎え入れられるものである。

観光施設の整備は当然に必要であるが、それにも増して住む人の優しさ・暖かさをもって松阪の街づくりをしていきたい。

Ⅲ　各種計画の策定について

　小田原市では、総合計画の策定に当たって、総合計画市民100人委員会を設けて、１年をかけて市と市民との共同作業で策定したと聞いている。

　現在、松阪では基本計画を改訂するための準備中であり、市民に100字提案を求めている。そして2,000人にアンケートを実施しているとか聞いている。
　これまでの市の計画策定の状況からすれば、すばらしいと言わなければならない。しかし、大切なことは市民の要望、アンケートをどのように策定に生かしいくかであろう。政府も「歩いて暮らせる街づくり」の構想案をまとめたという。
　住民サイドにたった街づくりを提唱だけに終わることなく、根気よく、長い時間をかけて、その要望にこたえていただきたい。

　朝日新聞　99年７月20日の夕刊「窓」の欄に小田原都市圏に属する真鶴町では「まちづくり計画」の策定に当たり、住民の参加を求めて「まちをつくるのはあなたです」と呼び掛けて、アンケートや地区懇談会を繰り返して徹底的に住民と話し合い、その計画策定に３年をかけたと書いてあった。

　フランス国立社会科学高等研究所教授で宮城大学教授のオギュスタン・ベルク博士は「景観10年、環境100年、風土1000年」と言っている。社会環境を考える基本計画を策定するのであるから100年の大計を考えて慎重に計画を練り、審議されることを望むものである。

《参考資料8》

小田原市研修会に参加して

川口　浅蔵

　平成11年7月19日小田原市役所会議室において、内藤助役より冒頭「この市役所の土地は、蒲生氏郷が陣を張った所」であると説明された。松阪市役所の土地も、氏郷が築いた松阪城の豪の上に建っており、小田原市と特別何か通じるものが在るように感じられた。

　助役が、一口にいって市の「キーワード」は「交流」であると申された。まさに「小田原評定衆」が今も生きており、尊徳翁の教えがそのまま、この町の発展の基礎をなしていると思われる。

　行政のすべては、市民と共に進められ、たえず、あなたは街づくりについて、サイレントマジョリティ（傍観者）になっていませんか、街づくりの主役は「市民一人ひとりですよ」と呼びかけ、市長への手紙制度、市長と市民の懇談会、市政モニター制度、をそれぞれフルに活用し、度を重ねるごとに充実され、実りあるものに積み重ねられている。

　市民と懇談を重ねながら、街づくりを進めて行くということは、簡単なように思えるが、実はたいへん厄介なことばかりに出くわし、いろいろ苦労を積み重ねながらようやく軌道に乗せることが出来たと、担当者から報告され感動した次第。実に素晴らしいことだと思われた。

　月二回も公報（まちづくり情報誌）が発刊されているということは、実に素晴らしいことであり、松阪市民の一人として、驚きと同時に、どんなスタッフで、どのように取り組んでおられるのか、しっかり知る必要がある点だ。

　「主役は市民一人ひとり」だというモットーで市の行政が進められてきた結果、その成果は、市の公報を見ることによっても十分理解できる。

☆その一
「21世紀のおだわらは？」
　平成10年にスタートした総合計画「ビジョン21おだわら」では、これからの都市の発展を、助役が言われた「交流」というキーワードでとらえられている。
　「交流」とは、小田原の舞台に異なる地域の人、もの、情報が交わることで、まちが活気づき、市民も都市も成長していくという考え方が基本となっている。
　それにはまず、小田原の個性に磨きをかけて、交流の舞台に値する魅力あるまちをつくらなければならない。そこで、平成10年は観光元年と位置づけ、小田原城銅門、歴史見聞館、街かど博物館、白秋童謡館、小田原駅観光案内所、三の丸売店をオープンさせるなど、訪れる人をもてなし感動を与えるという視点で、施策を展開されてきた。
　こうした取り組みをさらに進め「交流」を深めていくために、都市を商品として売り出すという発想で、「花の咲き乱れるまち、風格のあるまち」をテーマに「交流の仕掛け」づくりをしていく、と宣言されている。
　四季折々の花で囲まれている城址公園は、いつでも大勢の人の目を楽しませているようである。城址公園や公共施設の花檀は、市民ボランティアの手によって、いつも美しく管理されており、フラワーガーデンは、花と緑の拠点として賑わっているという事である。
　通りでは、さまざまな花で飾られていて、庭やベランダを花で飾った家も多く見受けられた。
　現代は豊かな時代で、身の回りに物があふれている状態。そして高度成長の頃の大量生産、大量消費、低価格という時代から、今は「多少値段が高くても、品質が良くて本当に自分がほしいものを手に入れる」という風潮に変わりつつある。人々は、本物指向になり、ニーズも多様化して来ている。商品の市場が世界規模に広がっている今、小田原が発展し続けるためには、新しいものや価値を創造することに、再び挑戦する必要があると指摘している。
　「小田原」という地名を聞くだけで、「いつか行ってみたい」「出来ることな

ら住んでみたい」と思えるような、魅力的な町にしたいと言う意気込みが感じられた。

☆その二
　企画政策課より「レインボープロジェクト」の指標となる12本のリーディング事業が示されている。毎月1日号でそれぞれの事業をひとつづつ紹介され、平成16年度まで重点的に取り組む施策をまとめたものとなっている。
　まちの活力を生む「交流の舞台づくり」を目指す、小田原の明日へわたす虹の架け橋となるものとして発表されている。

☆その三
　一般的に、各市で行なわれている予算、決算の公表状況の内容を見ると、歳入、歳出をそれぞれ円グラフで分類し、項目ごとにその額と、占める割合、増減等が示されている程度で、大部分の人がこれを見た場合、どこまで関心をもって見てくれるだろう？
　小田原市の場合、公表されている財政状況の資料を見ると、先ず、予算、決算に占める主な事業内容をわかりやすく示し、円グラフの数字を自主財源、依存財源とそれぞれ説明しながらこれらの予算、決算（歳入、歳出）は、「市民1人当たりいくら徴収されているか、いくら使われているか」を項目毎にわかりやすく説明され、市民の関心を引くよう努力されている。さらに、予算、決算について、「詳しい内容を知りたい方は」行政情報センターと図書館に、予算書決算書などを閲覧できるように用意してあり、FAXによる情報提供もおこなっているので、あわせてご利用ください、と呼びかけている。

☆その四
　行政改革については、平成8年度から取り組み、今回は、平成10年度現在の主な実施内容と、その成果について記載し、評価するのは「市民の皆さんです」

と呼びかけている。その中で、3つの柱が示されている。

そして、平成10年度の効果額として12億4千万円とし、次の3つをあげている。

①公共工事コストの縮減（5億5千万円削減）
②財政構造の弾力性の確保（2億円削減）
③職員数の削減（2億5千万円削減）

そして、新しいサービスに「1億4千万円」を投入し、主なものとして6項目を上げている。

職員数の削減については、平成7年度以降すでに95人削減しているが、更に平成10年度から5年間で、100人以上削減する数値目標を設定している、と説明している。

また、平成11年度は、市役所が一丸となって「一課一廃」運動、「一課一新企画」運動に取り組むほか、市税滞納額の解消と税負担の公平化を図る観点から、市税滞納審査会を設置したり、各種情報の迅速な受伝達を可能にする情報通信網を庁舎内に構築した、と細かく報告されている。

より少ない人員で、より大きな行政効果を上げるため一つの手段として、自治体は定期的に機構改革を実施している。ところが長い間続いてきた職制を大きく変えることについては、職員間に無言の抵抗が存在し、ややもすると形式的になりがちである。

組織機構の部制、課制だけにこだわらず、まちづくりの主役は「市民一人ひとり」だというキーワードに沿うため、あらゆる努力をされている小田原市を、松阪市は十分見習わなければならない。

第2章　小田原市政策総合研究所

はじめに

　私たちの松阪市と小田原市の比較研究がなされた（平成11年（1999）度）後、小田原市が行った画期的なまちづくりの施策が、「政策総合研究所」の設立であった。平成12年（2000）4月に設立された本研究所は、自治体の常設的シンクタンクとして設立されたが、その特色は、市民や学生が積極的に取り組み、単なる研究や調査だけでなく、実施することを目標としていることにある。「シンクタンク」から「ドゥタンク」へがスローガンとなって、2年目には、研究成果が具体化される形で、伝統的な町屋を再生した「小田原宿なりわい交流館」がオープンした。また、市民研究員の企画立案による「おだわら車座」の「なりわい散歩」と「小田原評定スタジアム」が実際に開催された。そして、これらの研究成果が、小田原市政策総合研究所紀要「小田原スタディ」として刊行されている。こうした動きは、松阪市のみならず、全国の地方都市のまちづくりの大きな参考となろう。

1　小田原市政策総合研究所の概要

（1）設立の趣旨

　平成12年4月、地方分権一括法が施行された。自治体のまちづくりの裁量によって、生活環境や都市環境の質に差が出てくるものと考えられている。こうした分権の時代に、小田原というまちをより住みよいまちにし、きらめく個性を放つまちにするためには、これまで以上に自治体としての政策形成能力を高

める必要がある。

そこで、職員のみならず、各界の識者や市民の意見も取り込みながら、新しい時代に対応したまちづくりを進めるため、自治体シンクタンク機能として政策総合研究所を設立し、将来に向けた最善の政策を研究する。(同研究所設立趣旨より)

(2) 基本機能(平成15年(2003)版より)
①調査研究機能
　⑴政策提言
　地域の課題の発見及び問題提起
　社会実験などを通した解決策及び解決の道筋の提示
②情報交流・リエゾン機能
　⑴研究フォーラム
　⑵研究紀要・インターネット等による情報発言
　⑶大学コミッション
③人材発掘・育成機能
　⑴市民・職員の公募

(3) 基本テーマ(平成15年版より)
　第1期(平成12～14年度)研究期間においては、「個性を際立たせるまちづくり」を基本テーマに研究活動を進め、個性を際立たせる街づくりは、「場所の力を」生かし、多様な担い手が行動・連携するまちづくりであることが実証され、街なかに浸透しつつある。

　第2期(平成15～17年度)研究期間の基本テーマは、第1期の研究成果及び総合計画の要請などを踏まえ次のとおり設定する。

「新しい協働による持続可能なコミュニティを目指して」

(4) 組織・体制
Ⅰ 組織の位置付け
・政策総合研究所は、市組織として企画部政策課に置く。
・企画部次長を政策総合研究所担当とし、政策総合研究所に政策研究担当を置く。

組織図(図表1)

Ⅱ スタッフの編成
研究課題と必要に応じて、次の研究組織を編成する。
①研究グループ
将来の政策立案の参考とするため、市民研究員または職員が主体的に研究し、学識経験者等がこれを支援する。
②ワーキングチーム
市行政の横断的かつ重要な事項について専門的な政策研究を行うため、職員と学識経験者等により構成する。

平成12年度は、所長に後藤春彦早稲田大学教授、研究グループとして「旧東海道研究グループ」、ワーキングチームとして「別邸建築ワーキングチーム」が編成された。これらのグループから、1年後に早々と研究報告がまとめられ、紀要「小田原スタディ」1号に発表された。

旧東海道研究グループからは、「東海道小田原宿千年蔵」と題した報告で、千年の歴史を持つ小田原市を、歴史的資産が豊富に残された「蔵」と位置付け、「お蔵入り」になっているお宝を活用しようという趣旨で、「東海道小田原宿千年蔵」(ミレニアムアーカイブ)と名付けられた。そして、7のプロジェクトが設置された。1、なりわい交流プロジェクト、2、デザイン都市プロジェクト、3、庭園交流プロジェクト、4、こまちなみをつくろうプロジェクト、5、公共施設で遊ぼうプロジェクト、6、物語を歩こうプロジェクト、7、まちづ

くりを楽しもうプロジェクト。そして、これらの提案の中から早速、「小田原宿なりわい交流館」が開設され、「蔵かふぇ」もオープンした。

図表1

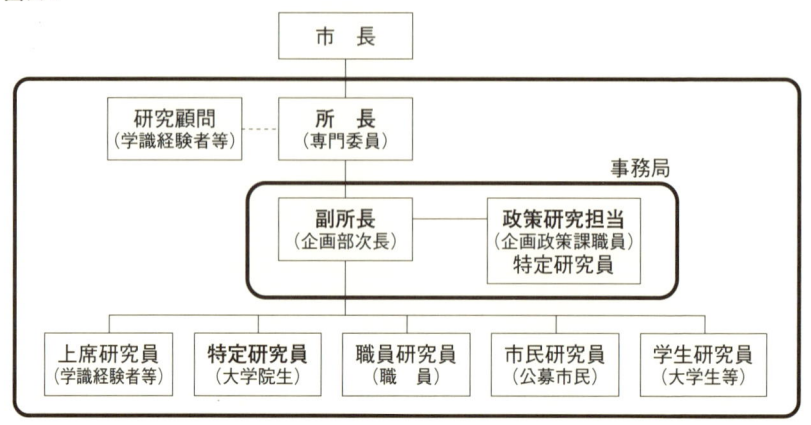

```
              市　長
               │
   ┌───────────┤
研究顧問      所　長
(学識経験者等) (専門委員)
               │
        ┌──────┴──────┐         事務局
       副所長       政策研究担当
    (企画部次長)   (企画政策課職員)
                    特定研究員
               │
   ┌──────┬──────┼──────┬──────┐
 上席研究員 特定研究員 職員研究員 市民研究員 学生研究員
(学識経験者等)(大学院生) (職員)  (公募市民) (大学生等)
```

	区分	スタッフに充てる者	人数	職　務
公	副所長	企画部次長	1	事務局業務の統括
公	職員研究員 (主任研究員・研究員)	研究事項に関係する部局の職員のうち、副所長が必要と認める者／その他副所長が特に必要と認められる者	10	研究事項に関する研究
公	政策研究担当 (主任研究員・研究員)	企画政策課政策研究担当主査	1	所長・副所長の補佐／事務局業務／研究事項に関する研究
公	政策研究担当 (主任研究員・研究員)	企画政策課政策研究担当	2	事務局業務／研究事項に関する研究
学	所　長	専門委員	1	研究活動の統括
学	研究顧問		1	所長の学識を超える事項に関する助言
学	上席研究員	専門の学識を有する者のうち、副所長が必要と認める者	3	研究活動に関する指導・助言及び研究事項のとりまとめ
学	特定研究員		2	事務局業務／研究事項に関する研究
学	学生研究員	首都圏の大学または大学院に在学の者のうち、副所長が適当と認める者	0	研究活動の援助
民	市民研究員	本市に在住、在勤または在学の者のうち、副所長が適当と認める者	6	研究事項に関する研究
	計		27	

別邸建築ワーキングチームは、小田原市に存在する多数の著名人の別邸を、保存し、さらに活用しようとする趣旨である。別邸の現状の調査から、保存・活用の方策が研究された。

平成13年（2001）度からは、これらの成果を踏まえた発展的研究が続けられている。（図表2）

これらの活発な市民活動に対して、小田原市は平成13年4月に「おだわら市民活動サポートセンター」を設置した。

図表2

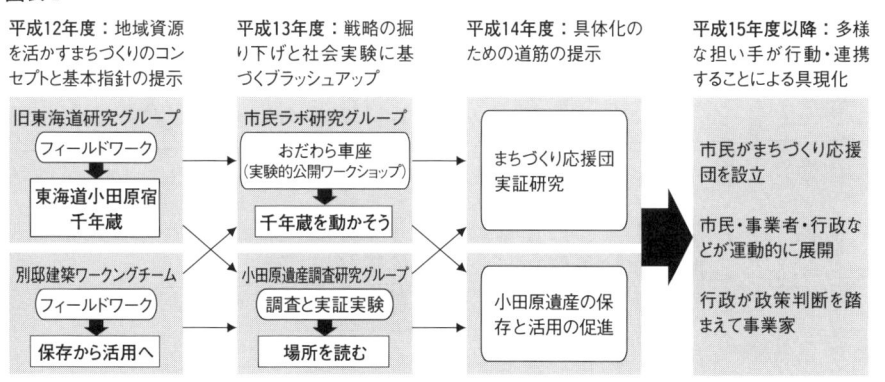

平成12年度：地域資源を活かすまちづくりのコンセプトと基本指針の提示	平成13年度：戦略の掘り下げと社会実験に基づくブラッシュアップ	平成14年度：具体化のための道筋の提示	平成15年度以降：多様な担い手が行動・連携することによる具現化
旧東海道研究グループ フィールドワーク ↓ 東海道小田原宿千年蔵	市民ラボ研究グループ おだわら車座（実験的公開ワークショップ） ↓ 千年蔵を動かそう	まちづくり応援団実証研究	市民がまちづくり応援団を設立 市民・事業者・行政などが運動的に展開 行政が政策判断を踏まえて事業家
別邸建築ワーキングチーム フィールドワーク ↓ 保存から活用へ	小田原遺産調査研究グループ 調査と実証実験 ↓ 場所を読む	小田原遺産の保存と活用の促進	

連載 Report ③ 「挑戦」自治体

自治体版「シンクタンク」で、政策形成に新境地
――神奈川県小田原市

小田原城で全国に知られる神奈川県小田原市。昨年特例市となった人口約20万人の同市で5月1日、自治体版シンクタンク「小田原市政策総合研究所」の初の研究報告会が開かれた。学識経験者や市職員、公募の市民研究員が1年間にわたって練り上げてきた研究成果を小澤良明市長は「目から鱗が落ちるような提案もあった」と高く評価する。市民も含め様々な頭脳を行政の政策立案に活かし具体化する――小田原市の試みは、地方分権時代の政策形成の新境地を拓く試みといえよう。

自治体としての政策形成能力を向上

「充実した1年でした」

小田原市役所、午前11時。平日にもかかわらず、市民研究員6人のうち5人も集まった。11ヵ月に1年間の調査研究の充実ぶりを話す。いずれも晴れやかな表情だ。報告書をまとめ上げた充実感は、提案の実現にも関わっていきたいという意欲がみなぎる。これだけまちづくり活動に熱心な"市民集団"はざらにはいないだろう。

彼らをその気にさせたのが、小田原市が昨年4月1日に発足させた「政策総合研究所」(以下、政総研)だ。いわば自治体版シンクタンクで、かねてから地方分権時代を迎え、新たな政策立案の手法を考えていた小澤良明市長の発案だった。

政総研は、自治体としての政策形成能力の向上が目的。独立機関として市の企画部内に設置した。基本組織として市の企画部内に設置した。基本機能として、▽調査研究機能▽研究情報交流機能▽人材活用・育成機能があり、「調査研究機能」のなかに政策提言、政策研究が位置づけられている。スタッフは学識経験者、市職員、市民の三者で構成し、所長に後藤春彦・早稲田大学教授、副所長に市の企画部次長が就任。研究顧問や上席研究員として市の職員が、主任研究員や研究員として市民研究員や研究員として公募市民が参加している。

2000年度は小田原市の資産を再認識し、まちの個性をきわだたせる政策として①交流の舞台・旧東海道周辺のまちづくり②20世紀遺産・別邸建築等の保存と活用――の二つを研究課題として設定。

このうち①の研究に公募の市民が参加した。市民研究員は「旧東海道のまちづくり」に関する2000字の論文提出という厳しい条件にもかかわらず35人が応募。熱意や片論、最終的に所長の面接から11人に絞り、最終的に所長の面接で6人が選ばれた。一方、職員の公募も実施。「地方分権時代の政策形成について」の小論文を提出してもらい6人を採

「小田原市政策総合研究所」開設の報道(「小田原スタディ」2号)

第2章 小田原市政策総合研究所　85

政策総合研究所だより
まちづくりは「あたりまえのすごさ」から

小田原市独自の取り組み・自治体版シンクタンク「政策総合研究所」の取り組みについて、シリーズでお伝えしています。

問政策総合研究所 ☎33-1315

はるか古代からの贈り物

戦後の高度成長期の日本は、中央集権的な政策で世界第2位の経済大国となりました。しかしその一方で、全国を画一的なまちに作り上げてしまった、という問題点も指摘されています。地域固有の文化や地域らしさを守りながら生活文化をつくっていくという考え方が、ある意味で犠牲にされてしまったからです。地方分権が進む今、「地域の地域による地域のための調査研究」によって、そこに住む人が主体となり、外部の人の視点や助言を活かしながら、地域のことを知り、地域の個性を自覚するという新しい動きが出始めました。ここでは、建物などのハード面を最優先した地域づくりを見直し、農林漁業者や商人、職人たちが担ってきたソフト面、つまり歴史、産業、()活の文化を象徴し、近代に継承すべきものとのリストアップし、地域のさや、ものづくりの大切

研究経過を市長に報告する学生たち

れた生活文化を再認識することが求められるかもしれません。今、目の前にあるすべての「あたりまえ」に気がつくことからまちづくりを始めるのです。それは、「日々意識していない文化の大切さを気づくこと」とも言えるかもしれません。今、目の前にあるすべての「あたりまえ」に気がつくことからまちづくりを始めるのです。住む人すべてが認識することから始まる「あたりまえのすごさ」を探り、その「場の力」を生かしたまちづくりを模索するための研究です。

小田原遺産調査で地域を再発見

政策総合研究所では、昨年から主に旧東海道周辺地域を対象エリアとする調査を行っています。この地域の「らしさ」「固有の資産」を探り、その「場の力」を生かしたまちづくりを模索するための研究です。

特に、歴史的建造物などを核とする美しい街並み景観を未来に残すという「ハード面」と、産業文化と生活文化の交錯する「なりわい」を中心とする基礎的・基盤的調査を進めながら、公開研究会を通じて「なりわい」文化の継承と再生の手法を検討しています。今年度は、「小田原遺産調査事業」としてハード面を中心とする基礎的・基盤的調査を進めながら、公開研究会を通じて「なりわい」文化の継承と再生の手法を検討しています。今年度は、「小田原遺産調査事業」としてハード面を中心とする基礎的・基盤的調査を進めながら、公開研究会を通じて「なりわい」文化の継承と再生の手法を検討しています。

人々の聞き取りによる「オーラルヒストリー調査」により、情報を収集しています。昨年12月25日には、これまでにリストアップした具体的な事例をもとに、市長や助役、市の職員などに対して、中間報告を行いました。調査には、工学院大学・東海大学・東京大学・早稲田大学の研究室と学生の協力もいただいており、中間報告もそれぞれの学生を中心に行われています。

今はまだ、調査の成果は単なる資料にすぎませんが、今後のまちづくりの方向性を決める場面で生かされるよう、いろいろな手法を考えていく予定です。

また将来的には、調査から地域再発見の活動に取り組む皆さん自身が地域再発見の活動に取り組む意欲もあり市内の各地域で、市民のさらに深く調べたりできるような、新しいうねりが起きることを期待しています。

第3回 おだわら車座、開催！

市民ラボ（研究室）では、特に「なりわい交流によるまちづくり」に着目して、これまでに2回の公開研究会を開きました。第1回「おだわらわら車座」を開きました。第1回「おだわら車座」では、作り手の側からなりわいの再生を考える上で、かつて小田原に存在したなりわいのサイクルが途切れたことが指摘されました。第2回では、作り手の側からなりわいの再生を考えました。第3回は、使い手からなりわい再生について考えていきます。

期日 2月23日
場所 郷土文化館

○第1部 13時〜16時30分
「発見！なりわい散歩と食彩会」
文人粋人が愛した西海子地区のたたずまいを、聞いて・感じて・味わいながら、詩・句・歌などオリジナルな物語を参加者につづっていただきます。

○第2部 18時〜20時30分
「小田原評定スタジアム　なりわい再生は市民の手で」
「使い手の知恵で日常何気なく接している自然の恵みを『なりわい』の視点から見つめ直します」をテーマに、料理や趣味で日常何気なく接している自然の恵みを『なりわい』の視点から見つめ直します。

定員 各部30人・先着順
申込 政策総合研究所 ☎33-1315

＊市民ラボについての活動や詳しい内容については、次回このコーナーでお知らせします。

「政策総合研究所」の初めての取り組みについて（「広報おだわら」平成13年2月1日号）

研究報告会（後藤所長）　研究報告会（小澤市長）

● 特集

まちには明日（あす）がある！
政策総合研究所　研究成果を初報告

昨年4月に自治体版シンクタンクとして誕生した「小田原市政策総合研究所（所長：後藤春彦早稲田大学教授）」は昨年度の研究報告会を開きました。当日は、2つの研究チームから市長、助役や市議会議員、関係部局長などを対象に、たくさんの魅力あるまちづくりについての提案がありました。

企画政策課 ☎33-1304

研究報告①
「交流の舞台・旧東海道周辺のまちづくり」

この研究では、公募の市民研究員が参画する研究グループが政策提言をまとめました。研究員が自らまち歩きをして調査し、まちに埋もれているさまざまな歴史・文化的資産を発見しました。

【研究目的は】
新しい交流の時代に東海道の役割を見つめ直し、回遊性を高めるまちづくりなどを研究しました。

【東海道小田原宿千年蔵】
研究グループは、「宿場町」の交流の点、「小田原らしさ」は「宿場町」の交流の点、「小田原らしさ」は無数の資産があたかも蔵の中に眠っている宝のようであると考えました。そこで、旧東海道周辺を「蔵」に見立てた「千年蔵」を基本コンセプトにし、無数の歴史・文化的資産を活かし交流を促すために次の7つのプロジェクトを提案しています。

●なりわい交流プロジェクト
「小田原らしさ」を象徴する海・山・川のいった「なりわい」の資産と文化を活かそう。

●デザイン都市プロジェクト
伝統を生かしながら新しい生活文化をデザインする「デザイン都市」を目指そう。たとえば「小田原デザインセンター」の設置や新たな「小田原ブランド」の開発。

●庭園交流プロジェクト
まち全体を捉え、緑・水・浜といったまちの自然をネットワーク化しよう。

たとえば、3つの交流館をつくり博物館とネットワークさせる。など博物館とネットワークさせる。

●デザイン都市プロジェクト
伝統を生かしながら新しい生活文化をデザインする「デザイン都市」を目指そう。たとえば「小田原デザインセンター」の設置や新たな「小田原ブランド」の開発。

●まちづくり研究所プロジェクト
これからは住民自らがまちをデザインし、主体的に参画していこう。たとえば「まちの記憶」を蓄積するまちづくり研究所で情報発信する「まちづくり研究所」で総合的にプロデュースするまちを遊び、学ぶ仕組みとしての「東海道遊学塾」の開設。

●まちなみを歩こうプロジェクト
物語のあるルートを物語化することにより、知的好奇心を誘い、楽しく、快適に歩けるような環境を創り出そう。たとえば北原白秋の「まちしるべ」ルートを設定し、そこに「御幸の浜ハイウェイオアシス」の設置によって、回遊性を高める。

●こまちなみで遊ぼうプロジェクト
公共施設を多目的に活用し、多様な企画や施設運営をすることで、だれもが楽しめる交流の場にしよう。たとえば松永記念館や文学館などを存分に楽しむ仕掛け。

●こまちなみ条例の制定で、まちなみを表彰するような制度を作る。

●「こまちなみ」をつくろうプロジェクト
「古」と「小」、2つの「こ」を併せ持った「こまちなみ」をキーワードに、魅力あるまちなみを創り出そう。

●こまちなみをつくろうプロジェクト
緑のネットワーク化や小田原用水の再生・活用で交流を促進しよう。

「政策総合研究所」の研究成果報告(1)（「広報おだわら」平成13年6月1日号）

第2章　小田原市政策総合研究所　87

●特集　まちには明日がある！

まち歩きの踏査

まち歩きの調査

小田原文学館

小田原用水

松永記念館

研究所ホームページオープン
http://www.city.odawara.kanagawa.jp/prio/index.html

【研究報告②】

20世紀遺産・別邸建築などの保存と活用

古き良き建物や生活文化を見直し、まちづくりに活用しようという意識が高まっています。別邸建築ワーキングチームは、板橋、南町、国府津の3地区でまちなみを調査し、新しい保存・活用の手法や仕組みを研究し報告しました。

【別邸建築などをとりまく問題点】

伝統技術・意匠が優れ、文化財としての価値が高い反面、維持管理に課題が多く、存続が困難になる例が見られました。これまで、国や市によって、ある建造物の保存が図られてきましたが、まちづくりに活用しようとする取り組みは十分だったとは言えません。また、市民にも、保存・活用に向けた意識が十分に浸透していませんでした。

【保存からまちづくりへ】

魅力を高めるために、2つの転換が必要であると示されました。

建造物を保存するだけでなく、多くの人に活用される価値を見いだすこと。学術的な価値だけでなく、まちづくりにおける価値を創造していくこと。

【活用からまちづくりへ】

建造物の「点」としての価値だけでなく、まちなみという「面」の中での価値を見いだし、活用すること。都市デザインの詰まった建物を、都市の記憶の詰まった建物として再編する。

【提言：市民参加で総合的取り組みを】

小田原らしい活用を進めよう。市民や企業の協力を仰ぎ、民間主導型の取り組みに誘導する。行政が関わる際には、活用に向けた計画を明らかにしておく。

実態調査や評価により、活用に向けた計画をまとめる。その際は、周辺のまちなみづくりも踏まえて検討する。

まちづくりに活用する制度を考えだすよう市の関係施策を整理し、歴史的建造物の保存・活用に向けた総合的な例として再編成する。

市民参加型の推進組織を編成するなど、新しいコミュニティーづくりを促す。

総合行政として取り組む。関係行政各分野が相互に連携し、総合的に取り組む。他都市と連携する。

提言の具体化に向けて

「研究報告書を基に庁内や市民の間で大いに議論し、投げかけられたボールをしっかり投げ返してほしい」と後藤所長。それを受けて市長は「市民や市議会の理解を得ながら、必要な調査・調整を図り、提言の具現化に向けた検討を進めていく」と結びました。

「政策総合研究所」の研究成果報告(2)（「広報おだわら」平成13年6月1日号）

おだわら情報

民家の蔵が「かふぇ」に変身！
〜住民と小田原TMOと行政による画期的なまちづくり実験〜

政策総合研究所

小田原市独自の試みである自治体版シンクタンク「政策総合研究所」の取り組みについて、シリーズでお伝えしています。

☎企画政策課 33-1315

小田原遺産リストを共有財産に
　政策総合研究所では、昨年から主に旧東海道周辺地域を対象として、小田原遺産調査を行っています。これは4つの大学の研究室と㈶日本ナショナルトラストの協力を得て実際にまちを歩き、小田原の歴史・産業・生活の文化などを象徴し、後世に継承すべき資産〈小田原遺産〉をリストアップする作業を中心としています。そしていよいよ小田原遺産のリストがまとまりつつあります。
　しかし、研究所がリストアップした遺産を「小田原遺産」と呼ぶのはまだ早いのです。なぜなら、そこにはまだ地元の人の知恵や意思が反映されていないからです。遺産が光り輝くものとし、子や孫の代まで受け継いでいくには、地元の皆さんもその価値に気づき、守り育て、誇りにしていくことが大切です。そして、ほかにも眠っている遺産はないか、これらの遺産をどのように保存・活用するかなど、皆さんが小田原遺産を共有の財産としてさらに充実させ、これからのまちづくりに積極的に生かしていくことが不可欠なのです。

板橋エリアの可能性
　そこで小田原遺産調査エリアの中の〈板橋〉を舞台に、地元の皆さんと小田原TMO（小田原商工会議所が担う中心市街地活性化を目的とした民間まちづくり機関）と研究所が連携し、ある一つの実験を行うことにしました。それが「板橋・蔵かふぇ」です。
　板橋という地名は、この地区を流れる小田原用水にかけられた「板の橋」に由来すると言われています。この地域は、国道1号や旧東街道沿いなど比較的標高の低いところは、「職人や商人の文化を色濃く残す「なりわい」が盛んな地域であるのに対して、丘陵部には益田孝・松永安左ヱ門・山縣有朋・大倉喜八郎といった、政財界の大御所の別邸建築が立つ、閑静な地域となって

小田原市政策総合研究所

難航する提言実現への道

タウンレポート

多岐に渡る担当課、話し合いがキーポイントか

市職員だけでなく、各界の識者や市民の意見も取り込みながらまちづくりを進めている「小田原市政策総合研究所」。創立から一年。五月には研究発表会を行うなど、具現化に向けて少しずつ動き始めた。しかし、実際の提言の内容は、様々な分野に渡っているので、これから担当課同士での調整が重点課題となってくるようだ。

9月の補正予算で計上する提案も

研究成果報告会の席上、小澤良明市長は「すぐ実行できるものはしていきたい。そのためには議会にも協力してほしい」という旨のコメントをした。

現在市当局では、すぐ実行できる短期的なプロジェクトと、中長期的なプロジェクトに分けているところ。短期的に実現可能なものは九月の補正予算に計上で

「めんどうくさい」が本音

きれば」と市当局は語る。

しかし、この提案は一筋縄ではいかない。今までの市の事業と違い、この提案は担当課が多岐多様に別れているのだ。市議会六月定例会でも今村洋一議員（公明党）から「具現化していくためのスケジュールと仕組みは？」との質問がされた。市長は、「様々な分野に渡っているので庁内調整を行っている。これから職員間の話し合いを活発に行い、具現化に向けて動いていきたい」と答えている。

ただ、五月の報告会に参加した部長クラスの様子をみると、「予算のことを考えて提案しているのか」「本当に実現できると思っているのか」と言った意見も出るなど、これからの庁内調整は前途多難といった模様。「ただでさえ仕事が多いのに、これ以上増やさないでほしい」というのが本音と見うけられる。

「提言」も実現までは容易ではない（「小田原スタディ」2号）

政策総合研究所

学生が考えると…

東海大建築学科の学生が、まちづくりと蔵の再生を提案

東海大学工学部建築学科では、授業の一環として大学院生と学部2年生に対し、小田原をテーマとした設計課題を出している。この機会に建築を学ぶ若者たちの考えを発表してもらい、市民や職員とともにまちづくりについて考えようとする試み「若者が提案するまちづくり」（主催／小田原市政策総合研究所・東海大学工学部建築学科小田原作品展実行委員会）が、先月26日、市内松永記念館・小田原宿なりわい交流館角吉で展示されている。これらの作品は明日3日まで、小田原宿なりわい交流館角吉で展示されている。

東海大学は2年前に小田原まちづくりネットワークSORA（空）と共同し、お堀端通りのポケットパークを使ったカフェテリア提案を実施した。それに続く2回目になる。当市が研究課題に選ばれたことについて、「政策総合研究所と一緒に考えることで、より現状に即したものを提案できる」と企画政策課は語る。

今回、学部2年生は、板橋地区に現在も残る蔵を活用した「蔵を再生させるコーヒーショップ」が課題。優秀作品の活用方法が実際の模型となって報告された。藍染め職人が使っていたことを生かし蔵の一部、その一部に新しい空間としてショップを貫通させるもの、蔵の窓を出入り口にしたもの、逆に徐々に壊しコーヒーショップ化していくことで蔵が存在していた意味を考えさせるものなどが提案された。

また大学院生に与えられた課題は、小田原の都市や建築の現況、課題を発見し将来に向けた提案すると観点から、板橋地区、南町地区、旧東海道沿と板橋地区を対象としたまちづくりの3地区を対象としたまちづくりの提案があった。

山の幸と海の幸をいかして板橋地区には食のデザインセンターの設立、駅前中央通りの上にショッピングモールを建設し商店街に刺激を与える、老朽化している図書館と郷土資料館を統合し、図書館と歴史蔵書を一緒に並べる新しい図書館など提案があった。

保存＝活性化を いかにイコールに近づけるか

市民からは「斬新なものが再生に繋がるとは思えない」との意見が多く出たが、「このままだったら活性化しないと思う」と学生が率直な感想を語るなど、活発な意見交換が行われた。議論のテーマは「保存か活性化か」になり、イコールにならない両者をどう結び付けるかが今後のまちづくりの課題と言えそうだ。

作品は明日3日まで小田原なりわい交流館角吉で展示されている。見学にきた近くに住む異性は「画期的な企画だと思う」と語り、友達と来た高校3年生は「野外図書館とかの発想に興味をもった。新しい発見がたくさんありました」と話した。

若い力、学生の活用
（「小田原スタディ」2号）

おだわら情報

小田原宿なりわい交流館 角吉 オープン！

9月29日(土)に完成セレモニー

小田原のなりわい文化を象徴する新たな交流拠点として期待される、「小田原宿なりわい交流館 角吉」がついにオープンしました。

完成セレモニーには地元関係者をはじめ多くの方が訪れました。小田原囃子が始まりを告げ、大漁木遣唄に合わせて幟旗掲揚が行われると、式典は最高潮の盛り上がりを見せました。その後、小澤市長らが看板の序幕を行い、式典は終了。みんな角吉の建物的な価値や、今後の活用などについて話の花を咲かせました。

小田原宿なりわい交流館 角吉
所在地　本町3-6-23
☎　20515
開館時間
観光案内・お休み処
　10時〜20時
イベント会場(2階)
　10時〜22時
休館日　原則として年中無休
入場料　無料

「政策総合研究所」の提言から実現した「小田原宿なりわい交流館」
(「広報おだわら」平成13年11月1日号)

政策総合研究所　まちづくり応援団実証研究がスタート！

政策総合研究所では、今年度の研究テーマのひとつ「まちづくり応援団実証研究」を開始しました。この研究では、多様な担い手のままちづくり活動を支援する中間組織（仮称：まちづくり応援団）のあり方について、具体の応援を通じて実験的に研究していきます。

企画政策課 ☎33-1315

まちづくり応援団実証研究とは？

研究所では、昨年度までの研究で、小田原のまちづくりを進めるためには地域の資産を支えながら多様な担い手の交流・連携を促すことが必要だと考えました。近い将来、まちづくりの核をなす市民・事業者・行政の中間組織が街のなかに生まれることを期待し、今年度はその組織体制、運営形態、具体の応援活動などのあり方を研究していきます。

まちづくり応援団準備会が発足

この研究を進めるために、市民研究員を中心とする市民ラボ研究グループ「まちづくり応援団準備会」が8月20日(火)に発足し、活動を開始しました。昨年度から継続のスタッフに新たに2人の市民研究員が加わっています。

実証研究の対象活動を募集

「こんなことができたらいいな」「実現したい夢があるが道筋が分からない」「みんなのまちづくり活動は壁にぶつかっていませんか？」

まちづくり準備会は現実のまちづくり活動にはどういう支援が有効なのか実際にいくつかの活動を対象に検証したいと考えています。この研究にご参加くださるまちづくり活動を募集します。

想定している活動テーマ

① 生産者や商業者、消費者といった垣根を越えて、小田原らしいなりわいや生活のスタイルを目指す取り組み
② 地域の自然・産業・文化的な資源を利用する、市民の創意でくらしやまちを元気にする取り組み
③ 女性や子どもが積極的に参加することのできる取り組みなど

想定している支援の内容

① 問題解決のためのアドバイザー派遣
② 問題解決のための研修活動支援（現場視察など）
③ 事業の広報・啓発のためのイベントの開催など

支援期間

支援決定から12月末日までです。支援活動の完了後、実績報告をしていただきます。

応募方法

9月17日(火)までに所定の申請書を提出していただきます。応募を希望の方は、まちづくり応援団準備会事務局（政策総合研究所内）に電話か電子メールでご連絡ください。

アドレス pro@city.odawara.kanagawa.jp
☎33-1315

選考

まちづくり応援団準備会のメンバーが選考を行い、数件を選定します。

街の再生に向けた実験

まちづくり応援団準備会では、「まちづくり応援団実証実験」のモデル研究として、小田原駅東口の5商店会で構成する「ほっとファイブタウン」が実施する「起業＆リニューアルコンペ」の企画・運営を応援します。

まちづくり応援団準備会

区分	氏名（敬称略）	所属など
アドバイザー	杉本洋文	東海大学非常勤講師
市民研究員	石崎雅美	市民
	小川勇次	市民
	加藤憲一	市民
	小早川のぞみ	市民
	小林章宏	市民
	平林恵子	市内在勤
	米山淳子	市民
特定研究員	平井太郎	市民

「まちづくり応援団実証研究」について
（「広報おだわら」平成14年9月1日号）

第2章 小田原市政策総合研究所

政策総合研究所だより

「千年蔵」を動かそう
～市民研究員の取り組み～

㈱企画政策課 ☎33-1315

研究所の市民研究員による市民ラボ研究グループは、昨年度の研究成果をまとめた「小田原スタディ」の内容を知っていただき、知恵を寄せ合ってもらおうと、市民参加型の公開研究会「おだわら車座」を3回にわたって開きました。

「古い蔵」を探るために

研究所では昨年、小田原のまちを見ていただくため、一人一人が興味をひかれる方向に楽しみながら歩き、写真を撮ったり、感じたことをメモしたり、俳句や俳画をひねり出してみました。そうして集めた材料を模造紙にまとめ、大きな地図に展開して情報を共有しました。

「蔵」になぞらえながら、今の小田原は、魅力ある資源があるにもかかわらずホコリをかぶって散在しているため、価値あるものがどこにあるのかよくわからない「古い蔵」のような状態であるというのです。私たちは、たくさんの宝物が収まった蔵を見直し、一つ一つの宝物に磨きをかけながら整理する必要があります。そうすることで交流が生まれ、まちを活性化させることができます。

千数百年以上のまちづくりの歩みが詰まった小田原という新しい姿も、研究所は「千年蔵」と名付けました。千年蔵は、皆さんの力を合わせることで具体的なものになっていきます。

「車座」になって知恵を寄せ合おう

そこで研究所では、市民の皆さん・事業者・行政などが知恵を寄せ出すために「千年蔵」が動き出すのかを探るために、公開研究会「おだわら車座」を開いてきました。おだわら車座は、ワークショップと討論会の2部構成で、ワークショップでは、実際にまちを歩いて情報を集め、討論会で意見を交換する形で、3つのテーマに沿って、参加者が自分たちのまちの過去と現在を感じ、未来に向けて知恵を寄せ合いました。

■ワークショップ「なりわい散歩～自分たちのまちがどんな「蔵」な

のかを、参加者に再発見していただくため、一人一人が興味をひかれる方向に楽しみながら歩き、写真を撮ったり、感じたことをメモしたり、俳句や俳画をひねり出してみました。そうして集めた材料を模造紙にまとめ、大きな地図に展開して情報を共有しました。

■討論会「小田原評定スタジアム」
「なりわい」を題材に、毎回夜遅くまで真剣に語り合いました。小田原北条氏の有名な「小田原評定」は、現在では「長々と議論した末に何も結論がまとまらない会議」という意味で用いられ、小田原にとっては少々不名誉な言葉です。しかし何の議論もない勝手に物事が進んでいく状態よりも、いろいろな立場の人が知恵を寄せ合い、時間をかけて着実に歩んでいくことを重んじる意味のあることから、まちづくりにとって「小田原評定は、まちづくりにとって意味のあることだ」と再定義しました。

車座は、回を重ねるごとに多くの人が参加し、まちの姿を知るという基本的な情報共有から、将来像を語り合うという創造的な模索までもが行われています。自分たちで「なりわい交流」のまちづくりを促進しようとする市民のグループも誕生しようとしています。研究所では、まちづくり活動のネットワークを広げるために、これからもおだわら車座のような試みを展開していきたいと考えています。

なりわい散歩～まちを知り、感じる～

本町地区・板橋地区・南町の西海子小路と国道1号を歩く中で、それぞれの地区に四季折々の風景が移ろい、旬を愛でる食や器の文化が息づいているのがわかりました。と同時に、自然と産業と暮らしがお互いに循環する「なりわい」が、途切れつつあるようにも感じられました。

小田原評定スタジアム ～私たちにできることは？～

今ある資源に新たな価値を付け加え、市民自身が楽しみながら歴史を重ねていくようなまちづくりの仕かけや、消費者の本物志向への対応、ライフスタイルを提案する商品づくり、技の保存・継承などの取り組みが求められています。環境を考え、地場のものを地場のもので楽しみ、本物の価値を正しく評価することから「なりわい」が価値化していくと、新しい生活文化が生まれる予感がします。

研究成果報告会

「おだわら車座」の取り組みのほか、さまざまな資産を調査した「小田原遺産調査事業」の成果など、平成13年度の研究事業について発表します。当日は、市長・助役をはじめ、市議会議員・行政関係部局の職員が参加する予定です。

日時 5月1日(水) 14:30～17:00
場所 中央公民館ホール

内容 市民ラボ研究グループの研究報告・小田原遺産調査事業の研究報告・学生によるまちづくり演習の模型やパネルの展示など

定員 200人・当日先着順(申込不要)

市民研究員による「千年蔵を動かそう」プロジェクト
(「広報おだわら」平成14年4月1日号)

オープン おだわら市民活動サポートセンター

おだわら市民活動サポートセンター ☎22-8001

4月1日、おだわら市民活動サポートセンターがオープンしました。市民活動に対する活動の場、団体間の交流の場、情報収集・提供の場として、多くの皆さんにご利用いただきたいと考えています。

また、サポートセンターは、市民の皆さんとともに、つくり・育てていく施設でもあります。利用者の皆さんの声に耳を傾け、利用しやすく愛される施設にしていきたいと考えています。

すでに市民活動をしている人も、これから何か始めようと思っている人も、お気軽にご利用ください。

場所　市民会館4階
利用時間　9時～21時30分（ミーティングルームと、ロッカーの使用については、予約制です。）
休館日　月曜日・国民の祝日の翌日（市民会館と同じ）
対象　自主的で営利を目的としない社会貢献活動を行う団体など
　　　（ただし政治・宗教などの活動には利用できません。）
施設の内容　無料でご利用いただけるものは
　ミーティングルーム2室・交流サロン・ワーキングコーナー・情報コーナー・展示コーナーなど
有料でご利用いただくものは
　印刷機（製版1枚100円・紙は持参）・コピー機（1枚10円）・ロッカー（1カ月大300円・小200円）

このセンターの未来にボランティア団体が注目！

この施設に登録された団体の方にお話をうかがいました。

Interview-1　オープンにわくわく
Rs（あーるず）　小清水晴美さん（蓮正寺）

「このセンターができることを知って、さっそく登録しました。人がいっぱい来てくれるといいですね。展示コーナや掲示板なども活用して、仲間をたくさん集めたいです。工夫しだいでこのセンターの魅力は広がると思います。」と小清水さん。

「Rs」では、リサイクルやごみ減量化を中心に、環境問題に取り組んでいる。リサイクルを身近に感じてもらうため、今年から古着の手芸、おもちゃ修理などの達人に力を借りて活動を進めようとしている。「新しい施設ですからわくわくします。オープンしたら利用者同士で情報交換したいですね。仕事を持っている人もいるので、21時30分までやっているのが、とてもうれしいですね」と今後の活動に胸をふくらませている。

Interview-2　みんなでやろうよ！
ビッグヴィレッジ　大村学さん（飯田岡）

「ここが情報発信の拠点となって、私たちの活動を多くの方に知ってもらえればうれしい」と大村さん。

ビッグヴィレッジは、「世のため、人のため、自分のため」をモットーに、無理と損をせず、自分が楽しみ、その結果を環境や福祉に貢献するというアイデア活動を実践している。家電品など、いろいろな物を修理してリサイクルし、その収益で車椅子などを公共福祉機関に寄付している。

「いままでは私の自宅が作業所兼事務所でしたが、これからは積極的にこのセンターを利用します。私一人の力は限界があります。みんなでボランティア活動を盛り上げていきましょう」とセンターの未来にエールを送った。

新しく「市民活動サポートセンター」が設置された
（「広報おだわら」平成13年4月1日号）

第3章　地域の活性化と連携
―「まちの駅」を中心に―

はじめに

　21世紀に入った平成13年（2001）になって、日本も世界も明るさの見えない経済不況の中に落ち込んでいる。そんな時に、9月11日、アメリカで同時多発テロ事件が発生し、アフガニスタンで戦争が起きてしまった。これにより経済不況の足が引っ張られてしまう懸念が生じている。この影響は、特に地方を直撃している。小泉内閣は、構造改革に取り組んでいるが、改革が必要なのは地方も同じである。平成13年（2001）4月には、地方分権一括法が施行され、地方分権時代に突入したことになる。この法は、初めて国と地方が対等であると規定するとともに、地方に自立、自己責任、自己決定を促すものである。しかし、これによって地方分権が簡単に実現するというわけではない。なによりもそれを裏付ける財源が、確保されていないからである。さらに地方交付税の見直しも検討されている。国同様、地方でも借金（地方債）の重荷がのしかかっている。また、高齢化が進み、税収の減少も予想されている。地方も、将来に向けて、改革を行わなければならない時期に来ている。国は、その一環として、市町村合併を推進している。これも地方の改革を促進する有効な手段の1つである。

　何よりの課題は、住民がこのような問題意識を持ち、行政任せでなく、行政と協働してまちづくりに取り組むことが肝要である。私は、これまで松阪大学大学院の授業を通じて、地域の活性化の問題に取り組み、「地方都市活性化への政策研究―松阪市と小田原市の比較研究」（「松阪大学地域社会研究所報」12号、2000年3月）、「地方分権時代のNPOの意義とその実践」（「松阪大学地域

社会研究所報」13号、2001年3月）として発表してきたが、本稿はこれらに続く研究である。21世紀の地域活性化と地域の連携のために、私たちが実践してきた「まちの駅」を実例として取り上げた。

1　21世紀の地方の現状と課題

（1）地方分権

　いわゆる分権一括法に結実した今次の分権改革は所詮「官の中の争い」であり、住民にとっていかなる意味を持つのか明らかでない、と評価するものがある。この評価は、一面で正しい。原因は、今次の分権改革が実現可能性を優先して進められたため、結局何のための誰のための改革かということが判然としなくなったからである。分権改革について複数の支持動機があったとして、それらの優先順位はどうなっているのか、あるいは、どうあるべきなのか、という議論が不足している。だから、各界各人が思い思いの「改革」を主張し、混乱している。

　分権の本来の目的は、地方自治のしくみを豊かにし、ひいては住民の暮らし、生活を豊かにすることである。つまり、「地方分権」は地方自治権を抜本的に増やす地方自治的分権でなければならず、しかも、自治体における住民自治を十分に拡充する住民自治体づくりになる必要がある。これらの点は「地方分権」を考えるにあたり、大前提としなければならない。すなわち、今回推進されている「地方分権」は、何も新しい課題ではなく、戦後50年経ても達成されていない憲法の重要な目標のひとつである「地方自治の本旨」の「実現」という面を強調するものと理解することが重要である。

　地方自治の意義については、いくつかの整理の仕方が可能である。その中でも最も重要なのは、地方自治が「自分の運命は自分で決めたい」という人間の本質的な願望に合致したものであり、それによって支えられているということである。そもそも自治とは、住民が富ないし価値を持ち寄って、自助・共助の

緊張の中で「公」をつくるという意味である。つまり住民が「公」で、自治体は「公」たる住民によって選出・信託された機構に過ぎず、富の集約・配分の手続・計画が議会によって決定され、長が執行・実現する、という原理なのである。日本においてはこのような「共和」の伝統がなく、鎌倉時代後期から戦国時代にかけての惣村や堺・博多などの自由都市でようやく共和システムの可能性が出てきたにもかかわらず、織豊政権と江戸幕府によって上からの自治組織である五人組に組み換えられてしまった。今基本的にもう一度考えなくてはならないのは、行政依存ではなく、古代以来「共同体自治」でやってきた問題領域について「住民自治」を原点に捉え直すことではないだろうか。つまり、住民でできることは住民でやる、住民のできないところをまず基礎自治体、ついで広域自治体、さらに国へという形で行政に信託するという考え方である。憲法の信託という観念は、まさしくこれにあたる。

このように考えてくると、第一に自治体による政策情報の提供と住民による政策立案への参加、第二に住民による政策執行ないし行政への参加が、住民自治の観点から課題となろう。

第一の自治体による政策情報の提供と住民による政策立案への参加については、まず、政策情報を提供するのは何のためかというところが重要である。住民参加による地域づくり、さらに自治体に対する住民主権の発動の前提が、この政策情報の提供による情報の共有だからである。したがって、ただ情報を垂れ流すのではなく、政策情報を整理して発信し、住民の誰にでもわかりやすいものになっていなければならない。だから、自治体職員には、膨大な政策情報の中から住民が物事を判断するのに有益なものを抽出整理し、わかりやすい形で発信するという能力が一層求められている。また、住民による政策立案への参加については、多元的な住民参加ルートのシステム化等、開放型行政組織の構築や、多様な知識・情報・意見を収集・整理し、争点を明らかにし、調整し、政策としてまとめあげるという自治体職員の能力が問われてくる。さらに、自治体側が主体的に政策課題を掘り起こし、住民に問題提起をするという力量も

求められる。

　第二の住民による政策執行ないし行政への参加については、例えば、社会福祉だとか社会教育というとそれらはたちまち厚生労働省系列や文部科学省系列の行政になってしまい、自治体の福祉課や社会教育課の所管となる。そうではなくて、福祉というのは地域全体の構造をよくするということであり、都市計画から環境保全まで全部入れなくてはいけない。つまり、ここでは地域福祉という概念を大胆に出していくことになり、地域住民が持つ知識・情報・意見が鍵となる。また、社会教育についても同様で、行政がつくるカリキュラムによる学校ごっこを中心に考えるのではなく、コミュニティセンターの自主運営、あるいは、自治体計画策定への参画といった住民活動の概念に転換すべきである。また、住民活動こそが基本で、行政はあくまでも住民活動の補助に過ぎないといういことを理論的に位置づけることが必要である。つまり、住民でできないことのみを職員機構に信託するというかたちへ発想を転換しなければならない。さらに、このように住民が自治体行政に参加し、自治体を住民に直接責任を持つ地域自治行政にしたてていく、という努力がきわめて重要である。もっと厳しく言うと、地域住民が国家からの自律性を持つ自治体の首長・議員を選び、政策のあり方にいかに影響を与えうるかというレベルの問題と、そのような個々の住民の選択や決定を住民自身が責任と自覚を持って行いうるかという個人のレベルの問題があり、それぞれが自治の重要な構成部分になっていて、それぞれが補完しあいながら地方自治が営まれることになるのである。

　「地方分権」が本来、単に統治主体間での行政の再配分にとどまるはずはない。自治体に「分権」すべき行政の仕事はすべて、住民と地域社会、生活者・事業者住民の地域生活に深いかかわりを持っているので、住民はそれを住民自治として主体的に受け止めていかねばならない。この意味で「地方分権」は、住民主体の地方自治である「住民自治体」づくりを一層刺激していると言える。もしそうでなければ、「地方分権」は自治体の住民に対する統治権を強めるだけとなり、真の地方自治の拡充にならない。この「地方分権」推進の時機に、

自治体は本来住民主体の「住民自治体」であるという意識が高められることが望ましい。

　住民が自分の生活の立場から取り組むといっても、ただ自分本位になってよいというわけではない。人間の生活は、今日では他の人々の生活とのかかわりを切り離して考えることができず、社会的な側面が強いため、自分の生活の立場からでも十分に勉強し考えていけば、地域自治への参加という社会公共的な行動に進まざるをえない。素朴な行政への要求のみを声高に叫び、行政へのインパクトを構成できず、単に剥き出しの住民エゴという評価に帰結してしまっては、あまりに不幸である。実際、非政府組織や非営利組織、そして自治体もそのひとつとして含まれるような、境界を横断して創り出すネットワークが出現しつつある。こうしたネットワークが、医療、福祉、地域の活性化などへの多様なニーズの背後に潜む課題を発見し、それを政策形成へとつなげていく可能性に熱い期待が寄せられている。新地方自治法は、「地域」というものを重んじ、そこにおける「自主的かつ総合的」な自治体行政を謳っているが、このような自治体行政を以上に述べてきたような生活者住民の参加によって実現していくことがすこぶる重要である。今後ますます、住民運動・住民活動とそのネットワークづくりが地域自治の原動力になることへの期待が大きいのである。

　そもそも「地方分権」という用語自体に問題がある。「分権」＝「権限を分ける」ということは、もともと国の権限に属するものを地方に分けてやる、という中央官庁の側からの発想に基づくものだからである。(松本英昭「新地方自治制度詳解」ぎょうせい、2000年6頁、松下圭一「日本の自治・分権」岩波新書、1996年140-141頁参照)

　昨今、政策の執行を第一義としてきた「地方自治制度」の限界を指摘し、ガバナンスという概念を用いて、非政府組織や非営利組織などの市民活動による、「地方自治制度」の枠を超えたネットワークが様々な社会問題を解決している現状や可能性が語られている。しかし、もともと憲法は自治体を信託概念から

規定しており、以後の個別立法によって誤って自治体の第一義的役割が「政策の執行」であるとされてしまったに過ぎない。すなわち憲法は、非政府組織や非営利組織などの市民活動による、自治体の枠を超えたネットワークの可能性をそもそも否定しておらず、それらを包含したものとして地方自治を予定していると考えるべきである。したがって、まずは松下圭一が指摘するように国家法人論から複数政府信託論へ発想を戻し、個別法をそれに整合させていく地道な作業が重要なのではないだろうか。

（2）少子・高齢化
①少子化の要因と背景

かつての日本は、多くの子供がおり、優秀な労働力が供給され、産業には常に活力があった。しかし、現在生まれてくる子供の数は、昭和30年代の半分近くにまで減っている。こうなると労働力が減少し、産業の基盤が脆弱となる。そして、いうまでもなく、少子化が進めば社会は高齢化する。高齢化問題については既に各方面で論じられ、実際に介護保険の導入など、いろいろな施策が実施されている。だが、少子化に歯止めをかけなければ、高齢化問題の根本的な解決にはつながらない。

少子化について厚生省は、合計特殊出生率の低下の最も大きな要因を、女性の晩婚と未婚に置いている。男女の平均初婚年齢は、昭和22年（1947）には女性22.9歳、男性26.1歳だったが、その後男女とも上昇傾向にあり、平成6年（1994）には女性26.2歳、男性28.5歳となった。このように初婚年齢は全体として上昇してきているが、近年の初婚年齢のばらつきが大きくなり、いわゆる適齢期が消失する傾向にある。晩婚化が進むと、晩産化になり1人しか出産しない、または一生独身で過ごす非婚率も高くなり、出生率の低下に大きな影響を与えることになる。

その晩婚化と非婚化の要因については、仕事と育児の両立の負担、個人の結婚観、価値観の変化、等が指摘されている。前者については、女性の社会進出

が進み、働く女性が自ら望む仕事を続けるためには、独身でいる方が都合が良いと考えること、また、働く女性の需要に適合した育児サービスが利用しにくいこと、女性の平均賃金上昇と相まって、結婚や子育てを選択することによって継続就業断念した結果、失うこととなる利益（結婚や子育てにかかる機会費用）が上昇していることが考えられている。しかし、ここで留意すべきは、女性の社会進出自体を問題とするのではなく、男女の役割分業意識、家庭よりも仕事優先を求める企業風土が根強いために、結果として結婚や育児が個人の自由を束縛し、負担感や不安感につながっているということである。

後者においては、女性の経済力が向上した結果、女性が生活のために結婚する必要を従来ほど感じなくなってきたこと、また、結婚しても生活水準を低下させたくないという独身者が増えていることなどから、男性の側にも結婚を必要とする意識が薄れてきたことが挙げられる。

②少子・高齢化の影響

日本経済に与える影響としては、労働力人口や生産年齢人口すなわち労働力の減少が最も大きい。働いて賃金を稼ぐ国民が少なくなり、福祉に頼る国民が多くなれば、その国の生産力が低下し、経済の活力は必然的に失われる。この問題は、大量の外国人労働者を移入させないかぎり、今後も改善されることはない。

最近の出生率の低下が生産年齢人口の減少を加速させ、労働力はますます不足する。結果として、労働力不足が日本経済を衰退へと向かわせることは必至となってきた。当然ながら、超高齢化社会が出現することによる経済社会の変化を、一番に被るのは一般の国民である。政府は年金や医療保険の制度を変え、新しい介護保険制度まで設けて、消費税も最大限に引き上げることだろう。

現行の国民負担率（税＋社会保険料＋介護保険料）は35.8％である。経済企画庁の試算によれば、財政や社会保障の改革をせず現状を維持した場合、国民負担率は30年後の2025年には51.5％に上昇するという。これに財政赤字の大幅

な拡大が国民負担となって跳ね返ってくると、国民負担率は73％になるという。

　国民負担率が上昇すれば、企業の負担も大きくなる。諸外国との負担の差が大きくなればなるほど、日本での企業活動は不利になる。利益至上主義の企業が、海外脱出を加速させるのは当然かもしれない。いわゆる「産業の空洞化」である。租税負担能力がある製造業が海外に移転すれば、その結果、国税の収入は減る。輸出も激減し、日本経済は破綻に直面しよう。

　一方、食糧自給率が低下傾向を続ける我が国において、農業や漁業従事者の高齢化、後継者不足による第一次産業の弱体化という問題も、極めて重要な問題である。

③少子・高齢化社会への対策

　超高齢化社会は、日本人の平均寿命が延びるだけではやってこない。最大の原因は、子供の生まれる数が極端に減るからである。つまり出生率向上のために何をすべきか、ということが重要である。

　では、具体的にどのような行政援助をすべきか。これについては、各方面で語り尽くされているが、一般的に言われている対策を挙げてみると、①出産手当、育児手当の充実、②保育所の充実、③保健医療体制及び衛生環境の整備、④住宅への援助、⑤企業への援助等である。

　当然であるが、妊娠・出産に関する個人の自己決定権を制約してはならず、男女を問わず、個人の生き方の多様性を損ねるような対応はとられるべきではない。

　厚生省が平成4年（1992）に実施したアンケートによれば、女性が理想とする子供の数は「2.65人」だった。しかし、なぜ理想の子供の数を持たないかという質問には、約7割が「育児と教育にお金がかかるから」と答えている。つまり、単純に考えれば、子育ての環境が整い、経済的に子供を育てるのが楽になれば、日本の女性は子供を産むということである。

　つまり、少子化の要因への対応としては、自らが妊娠・出産を望んだ場合に

は、それが妨げられることの無いよう、結婚や出産の妨げになっている社会の意識、慣行、制度を是正していくとともに、子育てを支援するための諸方策の総合的かつ効果的な推進を図ることが重要である。

参考文献
「人口減少社会、未来への責任と選択」　人口問題審議会　ぎょうせい　1998年
「少子亡国論」　山本　肇　かんき出版　1998年

(3) 財政
①概要
　現在、我が国の財政は、きわめて厳しい状況にあるが、危機的な財政状況にあるのは地方財政も例外ではない[1]。大阪府、神奈川県、東京都、愛知県においては相次いで財政危機宣言、財政赤字宣言が出されるなど、不況下で大幅に税収減となった大都市圏に位置する都府県の財政危機は著しく、市町村においては、主要な財源収入である固定資産税が不景気の影響を受けにくいことから、財政圧迫の状況は都道府県ほどではないものの、それでも比較的財政力が豊かとされる東京都下や大阪府下の都市において経常収支比率[2]が100％を超えるケースが目立つようになっており、市町村においても財政危機の状況は厳しさを増している。一方で、地方分権や今後の高齢化の進展などにともない、地方自治体の役割はますます大きくなっていくものと考えられる。そこで、現在の地方財政の課題の1つとして政府間財政関係のあり方を述べたいと思う。

②地方財政の仕組み
　日本の地方財政の特徴として、日本の政府間財政関係の「集権的分散システム」[3]がある。国と地方自治体との歳出費でみれば、国の歳出がほぼ3割なのに対して、地方自治体の歳出は7割にも及んでいる。公共サービスを主として国が供給していれば集中システム、主として地方自治体が供給していれば分散

システムとよべば日本のそれは、明らかに「分散」システムである。しかし、「分散」システムは「分権」的であることは意味しない。分権か集権かの基準は、あくまでも決定権限にある。つまり、地方自治体が多くの仕事をしているからといって、国が決定した仕事をただ実行しているだけであれば分権的とはいえないからである。

実際、日本の地方自治体は、国によって決定権限が奪われ、国が決定した仕事をただ実行するにすぎない国の下請け機関となっているといってもいいすぎではない。つまり、日本の政府間財政関係は、決定が国、実行が地方自治体という「集権的分散システム」となっているのである。具体的に決定権限を財政を通じて奪う方法として地方自治体に自分の財布を自分で管理する権限を認めないことがある。地方財政は、地域社会の構成員が共同のニーズを充足するために、共同で負担することを合意して運営される。ところが、日本では地域社会の構成員が合意しても、地方税を課税できない制約が国から課せられている。

第一に国税の税源利用可能性を確保するために地方税の創設を認めない「課税否認（taxdenial）」が実施されている。この課税否認は二段階で実施されている。第一段階では、国が地方税法によって地方税として課税できる租税を限定する。第二段階では、地方税源に列挙されている租税以外の租税を、地方税として創設する場合には、国の許可が必要となる。

第二に、地方税の税率についても、厳格な「課税制限（tax restriction）」が実施されている。つまり、通常よるべき税率として標準税率が設定されるとともに、制限税率が設定されている。地方自治体は制限税率を超える税率を設定することができない。このように日本では、地方税が地域住民の合意によって設定できないことになっている。そうかといって、地方債を起債しようとしても、地方債の起債も国の許可制となっている。そのため地方自治体が新たな事業を企画しても、新税の創設や増税によって財源を調達できないばかりか、地方債の起債によっても調達できなくなってしまう。

そこで地方自治体は、国から交付される補助金や交付税に飛びつかざるをえ

なくなる。ところが、交付税は一定のルールによって交付されるため、地方自治体が新たに企画した財源として増加させることはできない。そのため地方自治体は、補助金獲得に奔走せざるをえなくなる。もっとも、補助金を獲得することは、地方自治体が実施したい事業に比較的近い国が企画した事業を選択することにならざるをえない。しかも、補助金の交付にあたっては細部にわたる補助条件がつけられてくる。このように日本では地方自治体に「歳入の自治」がないため、国の企画した事業が全国画一的に実施されていくことになる。それに画一化した地方税も実施されていく。

こうして地方自治体は、決定権限を奪われ、「決定は国、実行は地方」という「集権的分散システム」が形成されてしまう。そのため国が企画したプロジェクトに、あるいは国の任務である景気対策に地方財政が動員され、財政危機の状況は厳しさを増すばかりである。

③今後の課題

右肩上がりの経済に終わりを告げ、一方で本格的な高齢社会の到来を控えて財政支出の増大が確実である今日、地方団体は、最も効率的な行政サービスの生産方法を選択するとともに、地域住民のニーズに合った政策を形成しなければならない。

地方分権推進委員会最終報告（平成13年（2001）6月13日）において、今後の課題として地方税財源の充実が問題提起されており、具体的には歳入面において一般財源、特に地方税収の割合を高め、歳出面において国の関与の廃止縮減・法令や歳出による事務事業の見直しを行い、地方の歳出規模と地方税制の乖離を縮小し又、住民の受益と負担の対応関係を明確化するのが望ましいと述べている。

また経済財政諮問会議の基本方針（平成13年6月26日）において、国の過度の関与と地方の個性の喪失として、国・地方間では、地方自治といいつつ、ローカルな公共事業にまで国が実態的には関与している。また、教育や社会保障に

ついても、国が仕組みや基準を決めて、地方自治体は苦労しながらその実施に当たっている。国は、こうした関与に応じて補助金や地方交付税によりその財源を手当てし、全国的に一律の行政サービスが提供されてきた。

しかし、こうした仕組みは、一方で地方自治体が独自に地域の発展に取り組む意欲を弱め、地方は中央に陳情することが合理的な行動ということになりがちである。また、国の非効率が地方の非効率につながる仕組みである。その結果、全国で同じような街並みや公民館ができ、個性が失われ、効果の乏しい事業までが実施されるという弊害も見うけられる。そこで、今までの均衡ある発展から個性ある地域の発展を目指し、国の関与を国が最低限保障すべき行政サービス、便益が全国的・広域的に及ぶもの及び全国統一的に行うのが効率的であるものに限定し、地方の自助と自律を目指すべきものと述べている。

現段階において政府間財政関係は転換期にあり、具体的政策については、さまざまな問題を抱えているが、何が問題かという論議は活発に行われている状況である。

2　地域の活性化と連携の課題

（1）中心市街地の活性化

現代、松阪市は昔風の風情ある町として栄えているが、今日においては、人口の増加減少や、松阪市そのものの町が、東京や関東地区近辺にネオンが多数あるのとは違い、みるみる寂れていく状態になりつつある。

その、原因として、松阪市も例外ではないが車社会や鉄道利用の減少が、典型的な理由である。また、デパートとしては、三交百貨店が、現在松阪駅の駅ビルとして健在しているが、それも、名古屋駅にあるJR名古屋高島屋の大型ショッピングセンターとは違い、発展性はあるが、規模が小さいため、物足りない気分である。

そこで、この諸問題を解決するにあたり、松阪市の構造的なしくみや、比較

対象の材料（松阪市以外の有名百貨店など）および人口問題を取り上げ、松阪市という市街地を、見違えるほど明るくなるようにしたいことを目的に研究を行う。なお、分析する手法については、下記のような人口問題を簡単に説明し、調査研究を行う。

　諸問題を解決する方法として、人口問題を取り上げる。その人口問題については、下記に説明するとおりである。

　人類誕生以来の長期的な人口の推移を見ると、「人口爆発」といわれる人口の急激な成長が明らかとなっている。最初の人類の誕生は、おそらく100万〜200万年前のアフリカであると考えられる。その後の人口増加の模様は、下記に説明するとおりである。

(1)　30万年前のホモエレクトュス（原人）の時代には、約100万人。
(2)　現生人類の時代に入った1万年前（紀元前8000年）には、500万人（採取時代には、1人当たり10平方キロメートルの可能性が必要であり、地球上の可住地面積は、5,200万平方キロメートルである。）
(3)　農耕の始まった6000年前には、8,700万人。
(4)　西暦元年で、約2億5,000万人。

　急速な人口増加は、20世紀後半に生じている。国連の人口統計によると、最近の世界の人口成長率は、低下の方向に向かっている。つまり、人口低下の問題が起きると、景気低迷や産業衰退および消費減少の現象が起きてしまい、経済縮小となる。そのため、首都圏に人口が集中することにより、地方衰退という事態になってしまうのである。先に述べたことにより、松阪市の人口は、減るという予測が、現在の街中の状況と併せて考えることにより、明らかとなる。そのため、松阪市の中心市街地の発展性は、全くないと予測されてしまう。以上のことにより、対処方法を論述すると、下記のようになると考えられる。

　対処方法としては、中くらいの高層ビルや有名百貨店などの建設を行うことが、最も良い解決策の1つであるのだが、松阪市においても、対処方法を考案しているが、全く発展していない。第一として、駐車場が少ないので、駐車場

の建設が必要なのだが、利用が不便ならば、全く意味がないものとして結論づいてしまう。百貨店としては、現在では、三交百貨店が、健在しており、これ以上進出不可能といわれている。それが、無理なら、商店街をもっと明るく発展させれば良いのではないかと、そのように考えられる。例として、複数の店舗が、集中する"ベルタウン"があるが、それを、内装と外装をきれいに改装すれば、さらに、松阪市が発展する1つのチャンスなのではないかとそのように思う。そうすれば、今の暗い寂れた町並みとは違い、今後街燈等のネオンがたくさん付くような明るい"有名松阪市"になりつつあるのではないかと予測できる。

今日松阪市では、とても風情のあるまちの駅「寸庵」が、現在、松阪市の中心市街地に健在しているが、それを、さらに広告を利用する宣伝等を十分に行い、本居宣長の町であることを、アピールさせていけば、松阪市という町は、さらに発展していくのではないかと、そのように信ずる。

(2) 広域連携・市町村合併

①はじめに…今日、増大する行政需要や住民の日常生活・経済活動の一層の広域化に対応する為に、市町村の行政・財政能力の向上と効率的な地方行政体制の整備、確立が求められている。解決すべき重要な課題としては、地方分権のさらなる推進、地方行革の推進、地方財政の健全化等があげられる。そうした課題のひとつに、自主的な市町村合併をいかに進めるか、そして個性・特色をもって地域同士が機能的に連携する自立・連帯した地域経営をいかに実現するか、というものがある。

②合併の経緯…まず、これまでの合併の経過について簡単に振り返ってみたい。

・明治22年（1889）市制町村制施行を契機に300戸から500戸を標準として全国一律の合併が行われ、施行前約70,000あった町村数が約15,000の市町村

数となり大幅に縮減された。
- 昭和28年（1953）町村合併促進法施行時、学制改革による新制中学校の設置を契機に人口規模8,000人を想定した合併が促進され、施行時約10,000あった市町村は昭和36年（1961）6月には約3,500まで減少した。
- その後、市町村合併特例法が施行され平成9年（1997）3月現在、市町村数3,233となっている。市町村合併特例法は、平成7年（1995）3月に一部改正された。内容は、「自主合併」を前提にしつつも「市町村の合併推進」を前面に打ち出したもので、Ⅰ合併に関する住民発議制度の創設、Ⅱ合併に関する財政措置の充実、Ⅲ国・都道府県の市町村に対する助言等の誘導案が追加された。さらに、平成11年（1999）にも新たな改正がなされ、Ⅰ合併特例債の発行認可、Ⅱ地方交付税の交付水準維持の特例措置の延長、Ⅲ旧市町村ごとの地域審議会の設置等が盛り込まれた。
- 住民発議制度は、有権者の50分の1の連署で、当該市町村長に合併協議会の設置を請求できる直接請求制度。

③合併や広域連携の必要性…ひとことで言えば、時代的要請である。少子高齢化による人口減少に伴う市町村の財政規模の低下や、職員数の減少による行政執行能力の低下又は、老人介護をはじめとする社会保障等の福祉問題、さらには深刻化するごみ・環境問題など、このような社会状況の変化の中で、市町村合併・広域連携を推進することが自治体の行財政能力を高め地域活性化を実現するための解決策として求められている。

④合併や広域連携の現状と課題…では、市町村合併・広域連携の現状はどうなっているのか、そして課題は何なのか、について検討する。
　住民発議制度の新設もあり、全国各地で経済団体や住民による合併運動が展開されている。しかし、現在設けられている合併協議会の数は決して多くなく、これらの市町村でさえ、いざ合併となると市町村長や議員の職が直接合併の影

響を受けるために利害の対立が表面化しがちである。また、住民の側も合併に対し積極的なのは一部だけで、その大部分が、合併問題自体は知っているが、あまり関心を持っていないというのが現実ではなかろうか。

では、一体どうすれば住民の関心と議論を呼び起こすことができるのか。最大の問題は、情報公開が不十分であること、つまり合併により住民の生活にどのような影響・変化が起こるのか、あるいは予測されるのかに関して情報が不足しているために、合併の具体像が見えないことである。行政サービスや住民負担の増減などに関しもっと情報が提供されれば、今以上に行政・議会と市民との対話も活発になるはずである。先に述べた利害の対立を調整する目的で、地方分権推進委員会においても、「市町村の合併の推進については、市町村の規模と権限との関係が重要な位置を占めると考えるので、政令市や中核市の権限の一層の拡大、中核市となる要件の緩和、市となるための要件の見直しなどの幅広い検討、合併の際の財政上の支援措置の見直し、旧市町村単位を基礎とする組織又は仕組みの導入等の検討などを行う」として、より積極的な合併推進を打ち出している。

一方、広域連携は、従来の行政区域の枠を越えて行政事務、消防、ゴミ処理、病院などの協力ないし共同の仕組みを築いて住民サービスと行政の効率化にあたろうとするもので、広域連合（廃棄物処理や地域振興などの広域行政需要に対応するための特別地方公共団体）は、平成12年（2000）4月1日現在すでに27道府県で65団体が発足している。

また、平成10年（1998）度より実施されている都道府県・市町村など地方自治体間の政策連携を支援する広域的地域連携事業支援制度がある。これは、総務省が新たに設けたもので、対象事業例としては交通網、情報ネットワークの活用・情報基盤整備、イベント開催など、各地域の歴史・文化、産業資源の活用・観光施設の整備、文化交流など、地域連携による行政サービスの向上・技術開発センターの設立などがある。

これから、さらに地方分権を進め、地域の活性化を目指すためには、「行政

と市民」の関係をいかに密にするか、ということが最大の課題であろう。つまりは、どれだけ行政と市民との意識ギャップを解消し協力的関係を築けるか、にかかっている。

　⑤まとめ…この課題を解決するキーワードは、「情報公開」と「住民参加」である。
　まず、市町村が合併に関する最新情報を、住民に対していつでも、だれにでも、簡単な方法で提供できるシステムを確立すると同時に、広報活動により一層力を注ぐ必要がある。そして、合併の具体像が見えるようにした上で公聴会や意見交換会、インターネットなどによる住民との議論を通して、住民の意思を反映させることが大切である。市民投票によって、合併に対する賛否も含め、新市の名称、新市に期待する政策の方向性など市民意向の調査を実施することも有効である。効率性の観点からだけではなく、住民の理解と支持を得てはじめて住民主体の市町村合併が可能となる。
　また、住民には、行政に対する意識改革が求められる。地域が今現在かかえている問題や近い将来避けて通れない問題を十分認識し、「自分たちの住む地域を衰退させることなく自分たちの手で個性豊かなまちづくりを実践する」という使命感をもち、そのためには「自分たちは何ができるのか！何をすべきなのか！」というように、主体的に行政に参加し協力協働によって意思決定をする。つまり、自己の要求のみならず利害の調整や政策の選択において主体的な自己判断の力をつけることが必要となる。そして、市民活動やNPO活動を積極的に展開し、合併・連携などの地域の活性化につながる諸問題を住民の参加という形で処理しなければならない。それと同時に今後、今以上の市民活動やNPO活動に対する財政面や情報面などの公的支援の整備も必要となってくる。
　このように、地方分権社会では今後、住民の役割がますます大きくなる。交通網などの発達により生活圏・経済圏が広がり、環境問題や医療・福祉問題などを市町村がそれぞれの機能を分担しながら相互に補完しあう地域連携も、各

市町村が住民と共にニーズを選択し実行すれば、それは、まさしく効率的かつ満足度の高い行政サービスである。

全国の有志の首長で構成する「全国首長連携交流会」などによって「地域連携」が提唱され、平成11年（1999）1月には「まちの駅推進準備委員会」が発足した。地域連携の拠点となる「まちの駅」を全国展開するためには、関係市町村、賛同する個人、企業、民間が加わった横断型の組織づくりが欠かせない。市民主導で実践される「まちの駅」に、これからの地域の活性化に向けての機能と役割が期待されている。

3　まちの駅の効用と現状

（1）まちの駅効用

①まちの駅《ヒューマンステーション》の展開

Ⅰ．趣旨

　　全国の地域および人々の交流と連携を促進するために、全国各地に交流連携拠点となる「まちの駅」を設定していく。この「まちの駅」は既存の「道の駅」「川の駅」「山の駅」「海の駅」「ⅰセンター」「まちの駅（狭義）」などの総称概念であり、人と人をつなぐ拠点という意味からヒューマンステーションということになる。このヒューマンステーションの連携を促進させる拠点として全国にネットワークさせていく。

Ⅱ．基本理念

　　市町村の境を越えた地域連携の証しであり、地域連携・まちづくりの拠点にして「人と人をつなぐ」交流の場である。機能としては、①まちの窓口②交流サロン③広域情報センター④休憩・体験の場などを持ったものである。そこには、「もてなしの心」でまちのことを案内してくれる人（案内人）がいることを基本とする。まちの駅どうしは、相互に協力・支援・連携し合うこととし、これを確認し合っていく。

第 3 章　地域の活性化と連携　113

Ⅲ．イメージ
　◎「人と人とをつなぐ」交流の場
　　案内人の配置（周辺地域の情報に明るい人）
　　必要な施設や整備（駐車場、トイレ、椅子、電話、フアックス、パソコン端末等）
　　地域の特産品や日常生活用品等の買い物ができる
　　まちの紹介（案内地図、施設、観光、歴史、写真の展示、特産物等の紹介）
　◎まちづくりの拠点
　　住民の生活情報（体験学習、ボランティア活動、生涯学習、健康・福祉情報など）
　　仲間づくりの場所（落書掲示板、リサイクル交換情報、趣味、サークル紹介など）
　　イベント等の開催、作品展示や趣味の教室の開催
　　人の紹介（名人・達人情報）
　◎地域連携拠点
　　連携市町村、連携イベント等の紹介（広域の観光案内・パンフレット等）
　　道路・交通機関等の情報、道路の工事や渋滞情報、沿施設の案内など
　　インターネットの活用（「まちの駅」のホームページ開設）
Ⅳ．相互連携支援協定に基づき、設置者は、①看板、シンボルマークの統一使用②提供する情報サービス項目の標準、統一化③ノウハウ等の交換会、研修会等の共同開催④連携イベントの企画・実施⑤まちの駅間の依頼、問い合わせ等の速やかな対処⑥近隣駅災害時の支援⑦地域ごとの連絡コーディネーターの配置⑧「まちの駅連絡協議会」との情報交換、の項目について相互に連携し合うこととする。
Ⅴ．シンボルマークについては、全国的に統一するが「まちの駅」の名所については、1つに絞ることなく地域の自主性を認める。コンセプトは、「人が3つ」人が3人、人がたくさん集まるということである。

②まちの駅連絡協議会参加によるメリット
Ⅰ. 民間、行政、各種分野の人の交流を促進する。それによって、新たな地域づくりを目指すことによる官と民の施設の連携、各省庁支援による施設の複合的な連携が可能になると考えられる。
Ⅱ. 連絡協議会への参加によるネットワーク効果によって、多様なテーマについて他地域との連携が容易になる。(まちの駅連携イベントの企画・運営、災害時等の相互支援協定など)
Ⅲ. 各種施設・人材の相互活用によるコスト節減効果また、広報、PRパンフレットの共同作成等(HPのリンク)における費用負担の軽減さらにNPO地域交流センターが組織する全国数百人の各種専門家集団の人材活用が可能となる。
Ⅳ. 情報の標準化〈統一化〉による情報受発信機能の効率化、また全国発信も容易になる。
Ⅴ. インパク(平成13年(2001)実施)参加等における全国展開によるマスコミ効果は大きなものになる。希望者は特産品をホームページ上で販売できるしくみづくりとしてインパク期間中、実験的にEC(電子商取引)に取り組むことができる。
Ⅵ. まちづくりのノウハウの交換取得が容易に行えるようになりそれぞれ大いに役立つものと考えられる。
Ⅶ. 「まちの駅連絡協議会」が発行する会報を購読でき、また全国共通の「まちの駅」のホームページに各「まちの駅」の情報を掲載できる。それによ

りまちの駅を通した全国の動きの把握が可能になり希望者には既存のホームページのアドバイスや新規ホームページ作成の支援をインパク研究会の構成メンバーが中心となっておこなう。

③まちの駅（ヒューマンステーション）のタイプは3つのパターンに分けられる
A：複合タイプ　不特定多数が出入りできる施設〈基本的に物販可能、駐車場・トイレあり〉
B：テーマ設定タイプ　特定活動目的で運営されている施設の活用
C：特殊タイプ　特殊な機能・性格を持つ施設の活用

④まちの駅の具備条件・提供サービス
　　〈具備条件〉　　○「まちの駅」看板

　　　　　　　　　○連携支援協定 ｛まちの駅統一情報項目の提供
　　　　　　　　　　　　　　　　　ノウハウの共有
　　　　　　　　　　　　　　　　　まちの案内人の共同研修
　　　　　　　　　　　　　　　　　災害時等の相互支援 etc

　　〈提供サービス〉○トイレ（駐車場、電話、ファックス）
　　　　　　　　　○まちの案内人（常駐、兼務可）
　　　　　　　　　○標準化された統一情報項目の提供に伴い情報BOX・情報端末が必要となる。

　　　　　　　　　｛地図情報（周辺地域を含む）
　　　　　　　　　　地元の標準化情報項目
　　　　　　　　　　（宿、特産品、子どもの遊び、ひと）地元ならではの情報

⑤「まちの総合情報交流拠点」インパク（インターネット博覧会）
　全国各地で、むらづくり、まちづくり、地域づくりのネットワーク拠点として、ヒューマンステーション〈通称まちの駅〉をつくろうという大きな動きが生まれている。それは、人、物、文化・情報の交流・受発信や人の出会いの場

の創出を目的としている。ヒューマンステーションをテーマとしてインパクに出展参加することで、各ヒューマンステーションのネット化を図り、全国各地の優れたまちづくり活動や地域内外の人達にも役立つ地域情報を発掘、集積、開示し、交流連携活動を増殖させていく。

(2) まちの駅 松阪「寸庵」の実践
①市民主導の松阪「寸庵」の設立

21世紀の松阪は、ばら色の未来だけが描けるものでなく、少子・高齢化が進み、人口の減少や財政事情の厳しさが予測され、中心市街地はさびれつつある。地方分権が進むなかで、市民が積極的に活動しなければ本当の地方の自主と地方分権は達成されない。

そこで、自然が豊かで、歴史と伝統ある文化に恵まれた松阪を市民の力で活性化させるための拠点として、市民による「松阪まちづくりセンター」を設立することとなった。平成12年（2000）11月1日、地域活性化のため、民間レベルで活動する「松阪まちづくりセンター」の創立総会が開かれ、理事長に松阪大学教授阪上順夫が就任した。"やさしさ""やすらぎ""やわらかさ"の3つの"や"をモットーにし、その活動の主軸として、まちの駅松阪「寸庵」の開設、運営と「松阪市民塾」の開設が揚げられた。そして、同年11月26日、市内の観光案内や憩いの場、市のPRなどを行う施設として準備を進めてきた、まちの駅松阪「寸庵」が松阪市本町にオープンした。「地方分権が進む中、市民が積極的に活動していかなかければ本当の地方の自主と地方分権は達成されない」という強い思いが結実した。

②「寸庵」の由来

所在地は、松阪市本町2217番地。当地は、江戸時代、松阪の玄関だった本町の一角であり、日本を代表する財閥となった「三井家発祥の地」の隣に位置する片桐家の旧宅である。片桐家は本町に所在し、昭和の初めまで「亀田屋」の

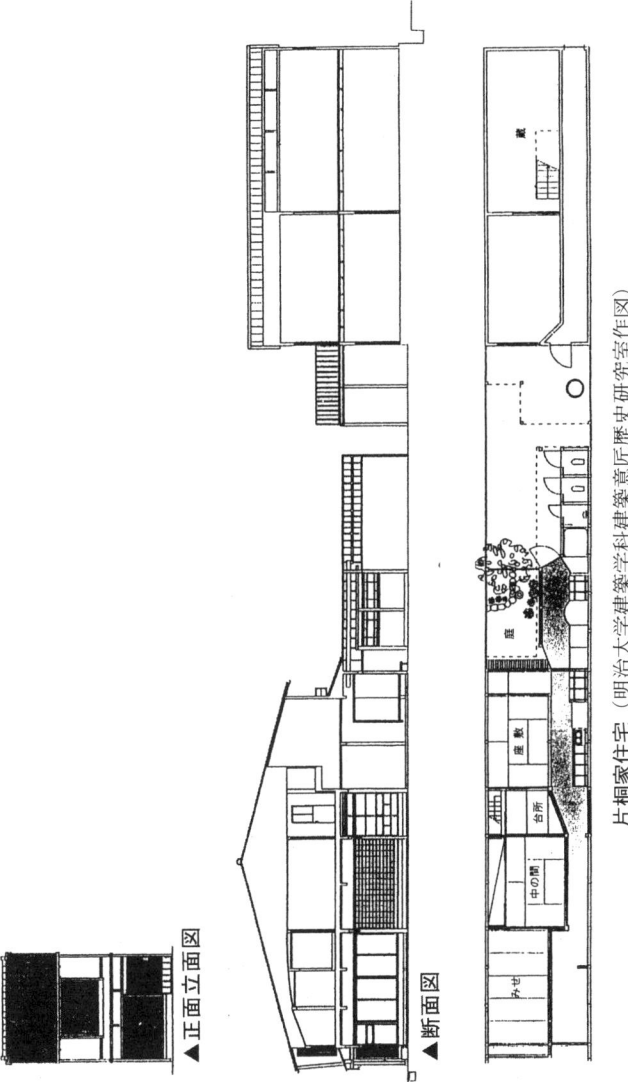

第3章　地域の活性化と連携　117

▲正面立面図
▲断面図

片桐家住宅（明治大学建築学科建築意匠歴史研究室作図）

屋号で呉服屋を営んでいた。敷地の間口は2間、奥行きは20間で、主屋の奥に井戸屋形や雪隠、離れが庭を取り囲んで配置されている。主屋は切妻造桟瓦葺2階建ての約165平方メートル。平入で、通り土間に沿って居室連ね、松阪の町屋では一般的な形式を備えている。

　主屋の特色は、限られた間口を最大限に生かす工夫がこらされていることである。

　客の出入りする「みせ」や、炊事を行う奥土間は土間幅が広く、「なかのま」や「だいどころ」では土間幅は最小限となる。建具も邪魔にならないように、引込む形式が取入れられている。第二の特色は2階が発達していることで、カマド上部を吹抜けとする他は、階上はすべて居室とされ、階下の居室数を補っている。

　建築年代は明治末から大正頃と考えられる。松阪の伝統的な町屋の構成を継承しながらも、各所に近代ならではの特色が見られ、町に暮らす人々の生活の知恵を偲ばせる興味深い町屋である。「寸庵」の名称は、明治の初め頃、片桐家当主は裏千家の玄々斎より「寸庵」の号を受け、茶道をたしなんだことに由来する。

③まちの駅松阪「寸庵」の活動

　商店街など町中に交流点を作り、町おこしをしようというもので、全国に約30ある「まちの駅」。全国のほかのまちの駅は、行政や地元商工会議所などが中心だが、松阪の「寸庵」は市民の負担で開設し、企画、運営する、全国でも例のない、市民主体の「まちの駅」として注目されている。

　その活動の内容としては
　①市民・学生・観光客の交流の場
　②松阪市の観光宣伝
　③高齢者のいきがい事業
　④収益事業

⑤まちの駅連絡協議会と交流
⑥ギャラリー運営
⑦「インパク」(インターネット博覧会) 参加

が挙げられる。

　実際に行われたイベント、そして今後予定されているイベントを紹介すると展示コーナーとしては平成13年 (2001) 4月には和紙人形展、布手芸展が、また5月には"憲政の神様"として有名な松阪市出身の明治期の政治家尾崎行雄展が、6月には思い出の衣類展、そして夏には涼風展、年末には正月遊具展が開かれる。

　「市民塾」としては、"お話"として教養講座の1つとして学習会が毎月1回開催されている。平成13年4月は、こちらも松阪出身の江戸時代の国学者で日本古典研究の基礎を築いた本居宣長。5月は、尾崎行雄。6月は三井高利となっている。他には、呉服商だった片桐家に残っている古布の販売、また、会員が朝採りした新鮮野菜の玄関前での販売、こうしたイベント、あるいは来訪者の声、松阪の文化の紹介などを掲載する「寸庵だより」という会報誌も発行している。

④まちの駅松阪「寸庵」への声

　こうして、全て市民主導で運営されている松阪「寸庵」であるが、来訪者にも好評を得ている。平成12年11月26日にオープンして13年12月20日までの来訪者数はおよそ5,000人にのぼっている。その詳細が次表である。

	11・12月	1・2月	3・4月	5・6月	7・8月	9・10月	11・12月	計
市　内	383	302	412	338	168	221	120	1944
県　内	137	161	175	299	73	188	147	1180
県　外	127	264	255	396	274	346	182	1844
外　国	2		2		2	6		12
計	649	727	844	1033	517	761	449	4980

また、来訪者の声のいくつかを紹介させて頂く。

【私たちは大阪からやってきた年金で生活している六名の一行です。鳥羽へ一泊して大阪への帰路松阪で下車して街を散策しました。この家へふっと立ち寄ったのは偶然のなせる業ですが、私たちと同じ年金生活の方々が運営されている場所と知り、詳しく建物や展示物の説明をしていただいて感激しました。松阪の街を愛する人たちによって伝統を伝えていっているのを微笑ましく思いました。暖かい松阪の人たちに迎えていただいて、この街に立ち寄った偶然を喜んでいます。】

【古い建物に感激。滅多に見ることのできない物に触れて松阪に来た甲斐がありました。わし人形・木の人形共にこれ又素晴らしいもの、本当に楽しいひとときを過ごすことができて本当にありがたく存じました。美味しい肉も食べてよい思い出ができました。松阪バンザイ！】

⑤おわりに

こうして全国でも類を見ない、市民主導による、まちの駅松阪「寸庵」は、ボランティアのスタッフの皆さんの生きがいの１つとなり、また、これほど多くの観光客の皆さんに立ち寄ってもらい、１つの思い出として心に刻んでもらっており、その存在意義は大きなものとなっている。今後さらに、松阪市の発展に寄与できるよう地道なかつ様々な活動を続けていくものであり、地方分権の時代にふさわしく、日本全国にこうした「まちの駅」が数多く設置され地域の活性化の核となっていくことを祈念する。

おわりに──「まちの駅」と地域の連携──

「まちの駅」は、全国的な「まちの駅連絡協議会」が平成13年（2001）８月発足したという未だ一般にはなじみのないものである。それだけに新しい可能性を持っているといえる。先行している「道の駅」は、道路利用者へのサービ

ス施設として、定着している。これに対して、「まちの駅」は、人と人との交流拠点として、「ヒューマン・ステイション」と英語で表現しているように、住民・市民の交流拠点、観光客との交流拠点などとしての機能を果そうと企画されている。さらに特定目的やテーマをもった、「川の駅」「海の駅」「森の駅」「昆虫館」「健康の駅」など発展的な展開も企画されている。

　まちの駅松阪「寸庵」は、市民・観光客の交流拠点として、市民主導で設置された。行政の力を頼らず、市民の力だけで設立したのが、第一の特色である。第二に、設立から運営まで、ほとんどを高齢者が主体になって行ったということである。21世紀のまちづくりの課題として、市民参加、高齢者の活用があるが、そのモデル・ケースと自負している。観光客への観光案内、無料休憩所、市民との交流を第一の目的としているが、市民の交流の拠点、市民文化の創造という点にも重点を置いている。2階のギャラリーを利用した展示、月1回の市民塾がこれまでの主たる実績であるが、これをさらに他地域との連携にまで発展させるのが、今後の課題である。第一は、市内の市民団体との交流、第二は、まちの駅連絡協議会を通じた他のまちの駅との交流、第三は、草の根の国際交流、である。これらが実現して行けば、まちの駅が、幅広いネットワークの拠点として生かされてくる。まちの駅の夢は、世界にまで広がって行く。

　　本研究は、松阪大学大学院の「政策過程論」（担当阪上順夫）の授業の一環として院生と取り組んだもので、全体の指導と校閲は阪上が行ったが、以下の分担で執筆した。
　1と5　阪上順夫、2（1）沼田雅彦、（2）寺村可奈子、（3）川嶋三雄、3（1）石積四郎、（2）福中理人、4（1）服部定次、（2）岩田竜巳

注
1）　地方財政の借入金残高は、平成12年度末借入金残高184兆円（対 GNP 比36.8％）で、近年地方税収の落込みや減税による減収の補てん、景気対策及びバブル期における開発優先の大型事業の失敗等のための地方債の増発等により急増し、平成3年度から2.6倍、114兆円の増となっている。

2） 経常収支比率は、社会福祉に要する経費や借入金の償還金及び、人件費など容易に減らすことが困難な経費に対し、市税・地方交付税・地方譲与税を主な財源とする経常的収入が、どの程度あてられているか知る指標である。財政の弾力性（融通性）を測定することができ、この指標が高くなると弾力性を失いつつあると考えられている。（この比率は、一般的には都市にあっては75％、町村にあっては70％程度が適当と考えられ、それぞれ5％を超えるとその地方公共団体は弾力性を失いつつあると考えられる。）
3） 神野直彦東京大学教授

第4章　市町村合併の政策的課題
　　　——松阪市を中心に——

はじめに

　今、日本に平成の大合併と呼ばれる市町村合併の嵐が吹き荒れている。この背景は、政府が、深刻な財政難から、行財政の効率化のために、現在3,200ある市町村を1,000に減らすとして、アメとムチの政策を強力に推進していることにある。だが、このことは、国の都合だけでなく、市町村にとっても重要なそして緊急な課題である。国と同様、市町村のほとんどは財政難に陥っている。その上、例外なく少子高齢化が進行し、高齢者対策や人口減少への長期的対応が必要となっている。地方分権一括法が制定され、地方の自立、自己決定、自己責任が求められるようになってきている。しかし、その財政的裏付けは保障されていない。市町村合併は、地方の最大の構造改革である。これまで通りの市町村の枠組みで進むか、市町村合併に踏み切るかは、行政の課題というだけでなく、住民の課題でもある。国の主導で推進された「明治の大合併」や「昭和の大合併」と異なり、「平成の大合併」は住民の意思によるとされている。市町村合併の問題は、住民自身の問題であるとともに、その子孫の問題である。日本は、平成20年（2008）以後、史上初めて人口減少に転じる。この100年間で日本の人口は2倍に急増してきたが、今後100年間で半減すると予想されている。この変化は、国民生活にも様々な影響を及ぼすことが予想される。高齢化の進行、労働力不足、大都市圏への人口集中と地方の過疎化などである。市町村合併も、目先のことでなく、50年、100年の長期的視点から検討されなければならない。この問題を、松阪大学大学院の「政策過程論」の課題として、院生とともに取り組んだ。

1 今なぜ市町村合併なのか

　過去において大合併と言われるものは、明治と昭和にそれぞれあった。「明治の大合併」は、町村合併標準提示（明治21年（1888）の内務大臣訓令）に基づき、戸数約300～500戸を一町村の標準規模として全国的に町村合併が行われました。これらの戸数は、教育や徴税、戸籍事務等行政上の目的達成のために適当な自治体の規模として考えられ、結果として全国の町村数は合併前の約5分の1になった。

　次に「昭和の大合併」は、1町村約8,000人を標準人口規模として新制中学校一校を設置し、効率的に運営するとした昭和28年（1953）の町村合併促進法と昭和31年（1956）の新市町村建設促進法によって、全国の市町村数は合併前の約3分の1となった。

　現在進む平成の大合併では、全国の市町村をおよそ3分の1の1,000自治体に合併する予定である。

　では、なぜ今また市町村合併を進めようとしているのだろうか、それには次のような理由が考えられる。

①地方分権

　国の地方自治体に対する手続き、関与等が必要最小限のものとなり、労力・経費等が節減されるとともに、住民にとっても事務処理手続きが簡素化され真にゆとりと豊かさを実現する社会づくりのためには、全国一律であるより、地域の実情やニーズに即した行政が求められている。そこで国と地方の役割分担を見直し、住民に身近な行政は、住民に身近な地方公共団体である市町村で担うことが望まれている。

　このような状況の中で市町村には、それぞれの主体性や独自性の発揮が期待されるとともに、自らの判断と責任（自己決定・自己責任の原則）によって、

地域経営を行うにふさわしい行財政能力が求められることになる。

②少子高齢化社会の対応

　人口の減少や少子高齢化の急速な進行は、一般的には地域社会の活力を減退させるものであり、特に中山間地域においては、産業構造の変化等による農林業の衰退とあいまって地域社会の基盤そのものの維持が懸念されている。

　今後、市町村は、地域の活力の維持・向上を図るため、産業の振興、地域の活性化、若者の定住を一層推進するとともに福祉の充実を図り、住民が安心して暮らせる魅力ある豊かな地域づくりを強力に進めることが求められている。

　そのためには、地域づくりの主体である市町村は、新たな行政ニーズに対応できる行政体制を整備・充実するとともに、財政基盤を維持・強化することが必要である。

　今後、各地域で高齢化が一層進展し、高齢者への福祉サービスがますます大きな課題となってくる。とりわけ高齢化の著しい市町村については、財政的な負担や高齢者を支えるマンパワーの確保が心配されている。

③厳しい財政状況

　バブル経済崩壊、平成不況が長く続き、国と地方を合わせ債務残高は700兆円近い。天文学的数字である。人口1億2千万として、国民1人当たり583万円の借金になる。地方交付税をはじめとする地方財政は、依然として厳しい状況が続くものと予想されている。一般的には人口規模の小さい市町村ほど住民1人あたりの行政コストが割高になると言われており、こうした厳しい財政状況の中、少子高齢化社会に対応した地域福祉政策の充実、地域産業の振興などを積極的に展開するためには、今後、一層行財政改革に取り組み、財政体質の健全化に努めることが必要となってくる。

④住民のニーズへの対応

住民の価値観の多様化、技術革新の進展などにともない、住民が求めるサービスも多様化し、高度化している。これに対応するため、専門的・高度な能力を有する職員の育成・確保が求められている。危機的な財政状況にあるなかで、より効率的な行政運営が求められている。とりわけ、隣接市町村での類似施設の建設には批判がある。

⑤生活圏の広域化の対応

交通網の発達などにより日常の生活圏が拡大し、これに伴い行政も広域的に対応する必要がある。また、都市近郊では市町村の区域を越えて市街地が連続しており、より広い観点から一体的なまちづくりを進めることが求められている。

以上のようなことが理由として挙げられているが、それらがすべての市町村に当てはまるとは思われない。しかし、今のまま、中央にすべての権限を預けたままではいけないと思う。やはり、日本という国がこれだけ、大きくなってしまっては、細部まで見通すことには無理が出てきているのも現状であろう。大きな災害が起こった時でも中央から離れた地域であれば情報の伝達が遅れるであろうし、ましてや、指示を待っていては被害が広がることにもなりかねない。もちろんそのようなことだけの問題ではないだろうが、これからは何でも国に任せるのではなく、自分たちの地域のことなのだから自分たちでできることは自分たちでやっていけるような地域社会を形成していくべきなのだと思う。

2　市町村合併の歴史的経過の意義

（1）明治の大合併

市町村合併の歴史は、明治維新後の廃藩置県（府県制）から昭和の戦後、新たな地方自治法施行を理由にして数回の大合併が繰り返されてきている。明治

第4章　市町村合併の政策的課題　127

年　　　月日	市	町	村	計	備　　考
明治21(1888)年	—	(71,314)		71,314	市制町村施行直前(旧幕府村に近似)
明治22(1889)年	39	(15,820)		15,859	市制町村施行
大正11(1922)年	91	1,242	10,982	12,315	
昭和20(1945)年　10.1	205	1,797	8,518	10,520	(終戦直後)
昭和22(1947)年　　8	210	1,784	8,511	10,505	地方自治体法施行
昭和28(1953)年　10.1	286	1,966	7,616	9,868	町村合併促進法施行(昭和の大合併)
昭和31(1956)年　　4	495	1,870	2,302	4,668	新市町村建設促進法施行
昭和31(1956)年　9.3	498	1,903	1,574	3,975	町村合併促進法失効
昭和36(1961)年　6.29	556	1,933	981	3,470	新市町村建設促進法一部失効
昭和37(1962)年　 10	558	1,982	913	3,453	市の合併の特例に関する法律施行
昭和40(1965)年　3.29	560	1,995	840	3,395	市町村合併の特例に関する法律施行
昭和50(1975)年　　4	643	1,974	640	3,257	市町村合併の特例に関する法律の一部改正
昭和60(1985)年　3.31	651	1,998	604	3,253	市町村の合併の特例に関する法律延長
平成 7(1995)年　10.1	663	1,994	577	3,234	市町村の合併の特例に関する法律改正
平成11(1999)年　4.1	671	1,990	568	3,229	地方分権の推進を図るための関係法律の整備などに関する法律の一部施行
平成13(2001)年　　5	670	1,988	566	3,224	
平成14(2002)年　　2	672	1,985	566	3,223	

(注)　市町村数には、東京都特別区(23区)は含まれない。

　4年(1871)の廃藩置県から始まり、明治11年(1878)に郡区町村編制法、府県会規則、地方税規則を、明治13年(1880)に区町村会法の制定により地方制度の概要が決まった。

　郡区町村編成法は、都市部に区、農村部に町村なる最末端行政区画を設定し、町村を包括する郡を置くものであった。府県会規則は極めて限られた選挙であるが、廃藩置県で中央の行政区画の府県に議会を置くものであった。地方税規則は、官費と民費の負担区分を定め、これらで明治政府は地方を中央の統治下に置き支配をしたのであった。

　日本の近代的地方自治制度は、明治憲法制定・施行と前後して整理され、明治21年(1988)に市制町村制が、明治23年(1890)に府県制及び郡制なる地方団体法が制定された。

　幕府の不平等条約の改正は、近代国家として欧米諸国に認められる必要があ

ったためである。最も象徴的なのは「議会制度」の導入であった。それには、憲法の制定が不可欠として明治23年に制定した。自由民権運動の高まりの中、国の体制を守るには、国会開設の前に地方自治制度の整備の必要性があった。それが市町村制度で、市町村の規模を近代的な自治制度を担う最適規模ということで大規模な合併がなされた。

「富国強兵政策、殖産興業政策」のスローガンのもと、国による主導の国策として合併が強権的に進められた。この大合併は社会経済の発展による生活空間の拡大というような自然的発生な要因に基づくことなく、明治政府の下部機構を担う行政単位としての能力の創出という、行政上便宜的な要因に基づいたところに大きな特色がある。

全国的に300戸から500戸を標準規模として、行政上の目的から、教育、徴税、土木、救済、戸籍の管理や小学校の運営を市町村に任せることにした。円滑な運営と事務を処理する合理的にできる規模として全国一律に町村合併が断行された。行財政機能を充実することが不可欠として行われたものである。この過程で、市制町村制を施行する直前に大規模な町村合併を行い、それまで約70,000余りあったとされる町村を約1/5の16,000弱までに削減したのである。これがまず最初の「大合併」である。

(2) 昭和の大合併

敗戦後の民主化政策の中で、憲法、地方自治法の制定など地方自治の充実が制度的に図られた。その一環として、地方自治の基礎である地方税などの基本ルール、いわゆる「シャウプ勧告」が昭和24年（1949）に出された。この勧告は、「市町村中心主義」の原則に立ち、民主的で能率的な地方行政の確立のための行政事務の充実と税源の確保を勧告している。その中で市町村が学校、警察、その他の活動の独立維持が困難な場合とか、行政の能率向上となれば比較的隣接地域との合併を奨励するとしている。

戦後市町村は、以前に増して行政サービスの重要な担い手の役目と従来の国

家行政の教育や警察まで担うことが期待された。その一方で約10,000以上もの小規模町村があった。

朝鮮戦争勃発を機に地方制度改革も、民主化の軸から行政の簡素合理化能率化へ変化したため、「町村合併」部分だけが経済成長優先政策のための中央集権型行政を支える、「国家的要請」として抜き取られた。昭和28年（1953）9月、「町村合併促進法」が制定されるに至り、以後昭和の大合併が国と府県の手で遂行されるが、中学校を維持できる5,000人規模以上の町村に再編成合併するという目安で行われた。この昭和の大合併によって、10,000台から現在の3,000台に市町村の数が激減した。

第二次大戦後の新憲法下で地方自治の確立が課題となった。いわゆる六・三制の義務教育に伴う新制中学校の設置、消防や自治体警察の創設、社会福祉、保健衛生関係の新事務などが市町村で処理されることになった。しかし、事務の増大が伴って多くの地方公共団体が財政危機に陥った。増大行政需要に対応できる行財政基盤の地方自治体を整備する見地から、国は市町村合併に積極的に取り組むことにした。

明治22年（1889）の体制は小さいとして、「町村合併促進法」が昭和28年に施行され、この法律により都道府県知事は市町村合併計画を作成した。「町村合併促進法」は、全国一律に人口8,000人を標準に新制中学校が合理的に運営できる規模として町村合併が進められた。更に、昭和31年（1956）には、「新市町村建設促進法」が施行され、町村数を約1／3の減少を目標に、町村合併促進基本計画の達成のもと、全国的に合併が進められた。これらが「昭和の大合併」と呼ばれて、12,000ほどの町村はその後の個別の合併により、昭和40年（1965）当時には3,400ほどに減少した。

（3）平成の大合併

21世紀を迎え、昭和の合併後の高度経済成長は国民の生活水準の向上、都市化の進展や交通網の整備で車社会、高度情報化の進展など、日常生活・行動圏

や経済活動の範囲が既存の自治体の区域を越え、拡大・広域化している。これに対処する方策が必要となった。

昭和の大合併後、「市の合併の特例に関する法律」等が制定され、2以上の市が合併を行った場合等、特定の場合に限って特例措置が講じられたが、広域対応の必要性が高まる中で、これらの法律の適用を受けることができない市町村合併の動きが多数見られるようになった。この動きに対処するために、昭和40年（1965）に10年間の期限付きの「市町村の合併の特例に関する法律」が施行された。この法律は中立的な立場で、市町村が自主的に合併する場合の、障害を除去する特別措置や支援策を盛り込んだものとなっている。

行政サービスの向上や高度専門化が一層求められ、行政運営も広域的な視点と地方分権時代を迎え、国・県からの権限委譲や業務の質量が高まる中、市町村の行財政能力や企画力、職員の資質も問われてきている。更に、国・地方とも厳しい財政状況の中、国が地方に財源を自動的に配分する時代ではなく、市町村の自立・自助努力が強く求められる。少子高齢化や環境問題など各市町村共通の課題や枠を越えた共同処理業務なども発生している。このため市町村合併の推進で一定規模以上の自治体力や人口・人材の高度専門化等の充実を図り、自治体間競争に耐える市町村を構築するのが、合併の意義・目的である。

政府は平成12年（2000）4月に施行された「地方分権一括法」により「市町村の合併に関する法律」を改正した。これで地方分権体制は一歩前進したが、受け皿となるべき市町村の体制基盤は依然脆弱である。厳しい財政事情のもと、市町村が住民の多様なニーズに応え、基礎的自治体の機能を果たすには、合併による体制強化が不可欠であるとした。この法律は平成17年（2005）3月31日付けの時限法であるため、国では期限を考慮し自治体の合併促進に向けた支援策を積極的に推進している。平成12年12月には、「与党行財政改革推進協議会における『市町村自治体数を1,000にする』」という方針を踏んで、自主的な市町村合併を積極的に推進」「行財政基盤を強化する」旨を盛り込んだ「行政改革大綱」を閣議決定した。

「行政改革大綱」では地方分権推進委員会の意見を踏まえ、合併促進のための行財政措置の拡充を図ること等で、国、都道府県、市町村が一体となり合併特例法の施行期限である平成17年3月までに十分な成果となるよう、合併をより強力に推進するとされている。

また、平成13年（2001）3月27日の閣議決定により、市町村合併について国民への啓発を進めるとともに、国の施策に関する関係省庁間の連携を図るため、内閣に市町村合併支援本部が設置され、6月30日には同本部において「市町村合併支援プラン」が決定されるなど、まさに全省庁をあげて市町村合併に取り組んでいるところもある。

参考文献
「地方分権」　新藤宗幸　1998年　岩波書店
「市町村合併・広域連合事例集」　坂田　期雄編　ぎょうせい
http://univ.ygu.ac.jp/hidaka/resume-LG01/LG01-S08.htm
http://www.mina.go.jp/gapei/gapei2.htmi
http://mizushima-s.pos.to/lecture/2001/010418/010418-02.html

3　国と地方の財政危機

バブル崩壊後の日本経済は、景気停滞に伴う税収減、その補填策としての国債発行による公共投資の拡大と減税を実施してきた。しかし政策効果はあがらず結果的には国及び地方合わせて約666兆円もの政府債務残高に膨張した。このことは言うまでもなく将来世代の負担を招くばかりでなく、日本経済の危機的状況である。財政悪化の原因は、1999年代以降国家財政は悪化の一途をたどり、その原因は、財政の歳入、歳出双方にあると考える。

歳入面では、平成3年（1991）バブル経済の崩壊と景気低迷による税収減が公債依存度を上昇させ、平成11年（1999）には43.4％の依存度を計上した。平

成4年（1992）度以降は、実質成長率がゼロ％台という状況に陥り、所得税や法人税の落ち込みが大きく、又政府は、恒久減税や特別減税などの減税政策をとってきた。他方、歳出面では、景気低迷による大規模公共投資の導入。少子、高齢化による社会保障関係費の増大。行財政改革の取り組みの遅れによる公共部門の非効率化と生産性の低迷などが経費の膨張を助長してきたと考える。又国の歳出区分で見てみると近年のデータでは地方交付税や地方公共団体への補助金の増大が目立ち、地方財政の歳入内容も地方交付税、地方特例交付税の割合が多く、その結果、地方の「タカリ」財政に他ならない。

　自治体財政の危機の要因は、地域構造の変化、景気の低迷による減収、自治体の財政運営のミスによる複合的な理由である。

　財政危機の第一の原因としては、地方財政制度があげられる。すなわち「制度構造的要因」である。第二に、地域構造の変化である「社会構造的要因」である。過疎・過密などの地域変動による財政悪化である。地域基幹産業の崩壊が、原因となることは考えられる。第三に、景気変動を原因とする「外部経済的要因」である。東京都・大阪府などの財政危機は、都道府県税の落ち込みが大きな原因である。東京都でピーク時に比べて15％、大阪府で30％の減収となっている。一般の自治体でも税収がこれだけ減れば、財政危機は避けられない。第四に、財政運営の原因である「内部経営的要因」である。経営的要因は財源調整基金の不足、人件費の膨張、公共投資の過剰投資、外郭団体の破綻などである。現実の破綻として考えられるのは、第一に、一番可能性が高いのが財政運営のミスであろう。第二に、自治体破産は一般会計ベースでは起こりにくく、特別会計の累積赤字、外郭団体の債務超過が誘因となって、自治体財政の破綻にいたる可能性はある。現に特別会計では公立病院の閉鎖、ギャンブル事業の廃止、公営路線バス・電車の撤退などが行われて、外郭団体の破産は大袈裟に言えば日常茶飯事な出来事である。

　このような国及び地方の財政危機を解消すべく地方分権推進一括法によって財源移譲や市町村合併特例法は地方行政に変革を投げかけている。まず合併の

必要性に財源不足による行政サービスの支障を掲げ、財政基盤の強化が必要であるとしている。

　これからの市町村合併と合わせて地方行政の改革については、自治体の自主性を拡大する改革案が必要である。第一に、自治体に権限・事務を移譲すること。第二に、補助金・交付税を廃止し、自治体に自主財源を与えること。第三に、住民がサービスと負担を選択できるシステムにすることなどである。これらの制度改革は容易ではない。自治体の財源を移譲することは不可能ではないが、自治体間でどう配分するかをみても、都道府県税の事業税の外形標準課税方式すら難航している。さらに財源・権限を移譲された自治体が、その期待通りに自治体経営をしていけるのかという不安がある。合併後の市町村に対する財政支援として、合併年度とそれに続く10年度は、合併しなかった場合の普通交付税（毎年度算定）を全額保障し、その後段階的に5年度間で本来の算定額に戻すことになっている。また合併から10か年度に限り、市町村建設計画に基づいて行う一定の公共的施設の整備事業及び地域住民の連帯強化等のための基金積立等について、交付税措置の高い合併特例債を借り入れることができる。しかしこの合併特例債についてはいずれ返済しなければならず長期的な財政計画が必要になる。

　最後に、わが国の財政危機が今進められている市町村合併で少しでも回避できるのか疑問が残るところであるが、合併に取り組んだ以上、十分検討した政策立案とその政策の過程を評価し政策失敗とならないよう市民が連携して行政経営に参加しなければならない。

参考文献
「日本の財政」　大川政三　創成社
「地方自治の政策経営」　高寄昇三　学陽書房
「財政データブック」　大蔵財務協会

4　松阪市の現状と課題

　松阪市の財政状況は、平成13年（2001）度で一般会計予算歳入額が39,683,674,000円であり、そのうち自主財源である市税収入が15,807,783,000円で占有率は約40％である。また、地方交付税は6,840,992,000円、国庫支出金は4,832,275,000円であり、これらの占有率は約30％である。つまり、約3割は国からの財源に頼っているのである。今後さらに少子高齢化が進めば、税収の落ち込みは避けられないし、国の財政状況からも交付税等の削減もさらに進むと考えられる。
　そこで合併をすれば経費は相対的に減少するし、合併支援策もともなって財政基盤の再構築を行うことができる。自治体の規模を大きくすることで重複する経費（職員）を削減し、スケールメリットによる行財政基盤を建て直し、簡素で効率的なものにし、現状の行政サービスを維持向上しなければならない。
　また、合併すれば法定議員定数の減少によって、これまで議員を通じて届いていた民意も行政に反映されにくくなる可能性もある。地域における審議会の設置やインターネット等を活用した公聴機関の充実などが必要になるだろう。
　次に人口状況であるが、現在の松阪市は125,292人（平成14年（2002）4月1日現在）で65歳以上人口の割合は約17％である。近隣の飯南町、飯高町、三雲町、嬉野町と合併すると、高齢者の割合はさらに高くなり、少子高齢化に歯止めがかからないという懸念がある。このことから税収の増加を見込むことは困難であるから、高齢化の対策を早期に講じることも必要になるだろう。

　一般的に、合併する際には行政の効果的運営の指標である人口20万人が当面の目標であるだろう。松阪地区においても、当初は人口20万人の特例市を目指していたが、吸収合併を避けたい近隣市町村に対し、松阪市は対等合併という立場で対応している。しかし、行政規模が最も大きく行政の先導役とならなけ

ればならない立場にあるのだから、積極的にリーダーシップを発揮しなければならない。

　しかし、合併すればそれだけ行政エリアが拡大するということであり、行政の目も届きにくくなり、地域内での実施事業の格差が生じる恐れもある。また、役所の統合による住民の利便性が低下する心配もある。自宅からインターネットで申請などができるようになれば、解消されるべき問題も多く、電子自治体の実現を早期に目指すべきである。

　ただ、はじめに合併ありきで合併を促進して、中途半端なやり方でこれに対処しようとしているようにもみえる。合併論議のためには、まず、住民参加といった地方自治の民主主義に基づかなくてはならない。同時に、効率的・効果的行財政と人口規模との関係といった問題も視野に入れる必要がある。また、合併推進の論議の背景には、依然として自治体規模が大きいほど自治体の行政能力は高まるという漠然とした認識があることも少なくない。

　自治体の行政能力の評価は、領域や視点の違いによってさまざまに異なるものである。たとえば、大規模な開発や港湾などの環境保全については、広域的な行政単位が求められるが、福祉サービスにおいてはむしろ狭域的な行政単位のほうが有効である。また、介護保険において、介護保険の財政的単位としては広域が望ましいが、介護サービスの提供においては狭域がよいと思われる。このように行政の領域や内容によって、行政能力からみた自治体の最適規模はさまざまに異なってくる。自治体行政のどのような分野を最も重視するかを定めた上で、それをベースに議論しなければならない。

　また財政の問題では、自治体の安定した財政基盤を確立するためには、自治体課税権の確立、税源の地方への移譲、起債自主権の確立といった、地方主体の税財政システムが必要である。

　そして、合併を選択したとしても財政危機が根本的に解決するとはいえない。なぜなら現在の財政危機は市町村の規模の大小によって生じているのではな

からである。地域の経営力、住民の生活力の低下、現在の自治体税財政制度の欠陥、市町村の財政運営の失敗に加え、成熟社会時代における新たな財政需要の増大が、今日の自治体行政の危機を生み出しているのであって、財政危機と市町村の規模とは直接的な関係はそれほど大きくないと考えられる。単に市町村合併によって財政危機を乗り切ろうとするのは対症療法的にしのごうとするもので、かえって症状を悪化させることにもなりかねない。

しかし、市町村の規模が大きくなれば、それまでの自治体では困難だった専任の組織が設置できたり、採用が困難であった専門職員を採用できる。また、規模が大きくなれば財政規模も拡大するから、それまでは難しかった大規模な事業を行うことができる。しかし、行財政基盤が強化されることと、行財政運営の健全性が高まることや財政効率がアップすることとは直接的に関係しないし、ましてや行政サービスの水準が高くなることに直結するものではない。規模が大きくなったために施策を決定するためのコストがかえって増えることもある。そのことは、政令指定都市の財政運営が小規模市町村より健全だと限らないことや、行政サービスの水準も小規模市町村のほうが高い例がいくつもある。

つまり、財政規模の大きさと、行政水準の高さや財政運営の健全性とは別のものと考えなければならない。

したがって、合併のための議論は、単なる財政規模の拡大や財政支援の獲得のためだけに行うのではなく、問題となるべき論点を整理し、明確な未来のビジョンを持って臨むべきである。

5　市町村合併のメリットとデメリット

現在、全国3,300余の市町村が、地方分権の進行に併せて市町村合併の動きを進めている。松阪地区においても、松阪市・飯南町・飯高町・三雲町、それに嬉野町の5市町で市町村合併の計画が挙がっているが、これにおけるメリッ

ト・デメリットを探ってみた。

（1）行政面におけるメリット・デメリット

　まず、これはよく言われているが、合併を行えば地方交付税を10年間、現状維持で補償し、また特別債の発行も行うということである。合併しない場合は地方交付税が削減される一方であるというから、多くの市町村が合併の方向に向かうということも納得できる。

　これ以外にも、合併することによる重複経費の見直しやスケールメリットにより、財源捻出が出来るようになるという点も挙げることが出来る。しかし、これは目に見えて良くなるというのではない。それでも、現在のサービスの質を落とす必要はないという利点がある。例えば、地方財政が厳しいと維持することが難しい介護などの行政サービスにおいては、不安を完全に解消することは難しいものの、合併しない場合に比べればまだ良いほうと言えそうである。

　それ以外にも、合併によって各自治体ごとに異なっていた行政サービスを統一出来るといった点も挙げられるが、場合によっては、デメリットにもなりうるかもしれない。

　メリットといえることとしては、市町境を挟んで隣接している、以前からつながりの深い2つの地区の整備が、合併により一体的に行うことが可能となる（例：松阪大石・飯南）。対等合併により地域性を保ちながら広域的なまちづくりが可能になることなどが挙げられている。

　デメリットになりうることとしては、「高水準かつ負担の低いほうに」ということを念頭におくものの、それでは財政難に陥る可能性が高いので、段階的に引き上げる必要があるといわれている。広域行政・広域組合においては、松阪市と合併をする方向にない多気郡などの他市町村にまたがっているため、いったん解散させる必要も考慮されるという。

　特に消防においては、松阪広域の多気・明和・勢和、久居広域の嬉野各分署・人員配置が問題となるとのことである。

その他、行政エリアの拡大によって、「行政の目」が行き届きにくくなるため、地域内で実施事業の格差が生じるおそれがある。「中心部だけ発展し、周辺部は寂れるのでは」との意見もある。行政には協議の段階で作成する市町村建設計画で、地域間のバランスのとれた事業の計画を立てる必要があると指摘する声もある。

（2）住民側におけるメリット・デメリット

行政サービスの向上を目指す姿勢によって、住民票などの交付行政窓口が増加する可能性があるため、現在よりも行政サービスの利用がしやすく、且つ便利になる可能性があるといわれている。

また、飯南・飯高方面の住民の中には松阪市に職場を持つ住民も多い。この中には小さな子供を持つ住民もいるが、合併によって旧市町に関係なく同条件で保育所の利用が可能になる、すなわち勤務先近くの保育所に預けることが出来るようになるということである。

教育面では、合併前は隣接市町の学校の方が近いにも関らず、市町内の遠い学校に通っていたケースが解消される地区もある。但し、周辺の町で実施している中学校の学校給食廃止の問題など、新たな課題も浮上してきており、必ずしも合併によって教育面で様々な向上が見られるとは言えないと考えることが出来る。

この他、民意の反映に関する問題が注目されている。現在の議員1人あたりの住民数は、最も少ない飯高町で454人、逆に最も多い松阪市で4,148人という数値が出ている。合併後には、同値は4,866人となり、各住民の意見が現在よりも反映されにくくなるのではないかという不安の声も挙がっている。また、現在の人口で、各市町から出す新市の市議会議員数で見ると（予定されている定数は34程度）、そのほとんどは現松阪市議会議員で占められ、特に飯高町議会議員に至っては1名だけが選出される計算になる。

これでは、現在の松阪市中心部住民の民意が反映されやすくなり、飯南町・

飯高町方面の住民は、民意がほとんど反映されないということにも繋がりやすくなるので、このあたりをどうするのかが気になるところである。

　これらの不安の声を解消するためには、旧市町村区単位での地域審議会を設けたり、インターネットの活用による公聴機関の充実を図る必要があるともいわれている。

（3）その他

　新市役所の利便性における問題も提起されている。新市になればその面積は広大なものとなるので、本庁が置かれる可能性の高い松阪市役所のみで、サービスを行うことが出来るのかといったことである。また、飯南・飯高方面から利用するには、かなりの距離があるだけでなく、自家用車を持たないお年寄りや若年者を中心とした住民にとっては不便な位置にある。住民票交付や印鑑交付証明のみでも、4町の旧役場にその機能を存続させたほうが良いとする意見があるほか、自宅からのオンライン申請の導入を考慮するなどの声も挙がっている。

　しかし、オンライン申請に関しては、ハッカー対策の必要性などから、松阪市役所では導入の検討こそしてはいるものの、まだまだ安全対策が不十分として実用化の目途が立っていない。

　そうでなくても、合併により市役所の利用者は増加が見込まれる。現在の松阪市役所の建物・駐車場では4町の職員・住民を受け入れるには狭すぎるのではないか、とのことである。そのため、市役所の建て替えや移転の声も少なからずある。例えば、中部台公園などは広大な敷地があり、現在の位置よりは飯南・飯高方面からの利用もしやすい。三雲町からだと少し距離が伸びるが、嬉野町からも近くを伊勢道や県道松阪嬉野線が通っているため、現在よりは利用しやすくなるに違いない。

　新市の名称は「松阪市」となることでほぼ決定しつつあるが、これによって採用されそうにない4町（場合によっては松阪市内も含む）の町名・地名がど

うなるのか、といった点も住民にとっては気になることである。問題自体は、たいした事は無いのであろうが、以前から愛着のある地名がなくなることには、誰でも抵抗があるだろうと思う。町名自体、由緒ある名が多いので、今の地名は残しておきたいという住民の意識は高いはずである。

（4）感想

以上のとおり、市町村合併におけるメリット・デメリットを、松阪地区を参考に挙げてみたが、ひとことに合併といっても様々な利点や問題・課題を抱えていることが分かる。

最近の動きを見てみると、公営施設の利用料などの面で、比較的安めに価格が設定されている飯南・飯高地区では、高いほうである松阪の価格に併せることになり、実質値上げという形になる。また、嬉野など一志郡の各町村のうち、津市との合併を望む香良洲町など一部の自治体が一志連合での合併から離脱する可能性も出てきた。それ以外でも、渥美地区では合併に合意しながらも新市名において論議が続いており、中央が提示する合併の期限に間に合わない可能性も出てきた。

今後も、この問題においては様々な論議が予想される。何十年か後になって、「合併して本当に良かった」と思えるような、市町村合併をどの自治体においても、進めていってほしいものである。

参考文献

夕刊三重記事　市町村合併特集
　「住み良い松阪圏に」（4月16～27日）
　「民間の思い」（5月21～30日）
　「揺れ動く多気圏」（5月7～11日）　他
新時代の都市政策～人がいきいきする都市をめざして～（全国市長会、98年）
朝日新聞　（三重のページ各日）

6　松阪市をめぐる市町村合併計画の検討

（1）三重県の合併パターン

　平成12年（2000）12月に三重県は「市町村合併の推進についての要綱」を策定し、県下における市町村合併の基本的な考え方、合併の類型、合併パターンを示している。この要綱の中で、限られた資源を効率的・合理的に配分する、県土の特色ある発展を図る、分権型社会の創造を図るという3つの視点から、合併後のイメージを性格要素、人口要素、地形地理的要素の4つに分類し、これらを総合的に判断して、合併の類型として自立都市成形型、拠点都市形成型、都市機能充足型、地域振興型を設定している。

表1　三重県下における市町村合併の類型（出典「市町村合併推進についての要綱」）

類型名	性格要素	人口要素	地形地理的要素	想定される都市制度・圏域の位置付け
自由都市形成型	拠点型	概ね20万以上	都市連たん地域 都市的地域 都市・中山間並存地域	中核市・特例市 広域市町村圏中心市
拠点都市形成型	拠点型 拠点・郊外型	概ね10万以上	都市連たん地域 都市的地域 都市・中山間並存地域	広域市町村圏中心市
都市機能充足型	独立型	概ね4〜10万	都市連たん地域 都市的地域	市
地域振興型	独立型	概ね10万未満	都市・中山間並存地域	市町村

　松阪市を中心にしての合併は、この要綱では次の2つの合併パターンを提示している。

①拠点都市形成型

　　松阪市、飯南町、飯高町、多気町、明和町、勢和村、三雲町の7市町村で松阪地区広域消防組合、衛生共同組合等の広域行政に関しての実績があり、広域市町村圏などの生活圏域を単位とするため、比較的地域住民にとっては身近で、基本的な行政サービスが期待できる。（表2A、155頁参照）

②自立都市形成型

　　松阪市、飯南町、飯高町、多気町、明和町、大台長、勢和村、宮川村、三雲町の9市町村で、三雲町を除けば松阪地方広域介護連合を構成している市町村になっている。人口20万人以上を対象とし、中核都市として期待されるほか特例市への移行も検討できる。（表2B、156頁参照）

（2）松阪地方市町村合併検討会

平成13年（2001）11月に県下で8番目に設置され、松阪市、飯南町、飯高町、多気町、明和町、大台町、勢和村、宮川村、三雲町、嬉野町の10市町村で合併への検討を始めた。しかし、多気郡内の多気町、明和町、大台町、勢和村、宮川村は地域性、独自性の維持を理由に松阪地区任意合併協議会への参加はせず、それぞれが一から合併の再検討をするに至った。（表2C、157頁参照）

（3）松阪地区任意合併協議会

平成14年（2002）4月1日に松阪市、飯南町、飯高町、三雲町の4市町が任意合併協議会を設立し、4月16日には嬉野町を加え5市町が県下で6番目の合併重点支援指定地域に指定され、本格的に合併に関する基本事項の協議、法定協議会への提案、審議、議決が開始された。しかし、嬉野町は久居市、一志郡との合併検討会にも参加しており、早期の意志決定が求められる。今後は、この5市町で平成15年（2003）4月までに法定合併協議会を設立し、市町村建設計画策定、合併に関する全事項の協議を行い、平成16年（2004）2月までに合併調印、3月に合併関連議案を各市町議会へ提出、審議、議決、4月に県知事

へ合併申請、9月に県議会議決、総務大臣へ届け出、12月に総務大臣告示、平成16年1月に新市誕生というスケジュールで合併を目指す事になる。(表2D、158頁参照)

(4) 合併への検討事項

5市町での(3)のスケジュールで合併へ協議を進めていくが、平成16年2月までの短期間に新都市構想、制度の統一等を協議していかなくてはならない。例をあげれば表3 (159頁) にあるように、現状で明らかに異なる制度統一と嬉野町が正式に合併に加わるかどうかの決定時期が問題となる。また、合併パターンで検討したこの5市町以外の市町村を新たに加え、人口20万の特例市をめざしていくことも考慮しつつ検討していくことが必要である。

7 合併後の将来像

(1) この地域における合併の問題点

今回の合併の議論においては、5で述べられているとおり、様々なメリット・デメリットがあると言われている。確かに合併をすることにより財政面での一定のメリットはあるとは思われるが、現在の経済、社会状況を考えると合併することにより一般的に言われているような合併のメリットを全ての地域が享受し、バラ色の将来が待っているとは限らない。

合併のメリットとして、地域のイメージアップにつながり、企業の進出や若者の定着、重要プロジェクトの誘致が期待できると言われたり、狭い地域で類似の施設の重複がなくなるということが言われるが、それは都市部において該当することであり、現時点で松阪地方市町村合併協議会に参加している5市町が合併した場合、面積は623.80㎡となり、三重県の面積の3割を占める大きさとなる一方、人口は1割にも満たない。また山林面積が広く、現在も人口減少が続いている地域を抱えるこの圏域にそのまま当てはめることはできないので

はないだろうか。さらに、これまで行政圏、生活圏にそれぞれ違いがあり、つながりが希薄であるという問題もある。

　以下では、合併後のまちづくりをどのように行っていくべきか、またこの地域での今後の将来像について検討していきたい。

（2）「住民自治」の必要性

　今回の合併議論は、行政の経費削減、効率化を行うためのリストラという面を多分に含んでいる。一方で、地方分権の進展による市町村の権限の拡大により、地域のことは地域で責任を持って決めるというこれまでの行政と住民の関係のリストラ（ここでは特に再構築という意味で）という側面も大きい。

　ここで憲法第92条に規定する「地方自治の本旨」について考えてみると、それは一般的には「住民自治」と「団体自治」を指すものとして理解されている。平成13年6月に出された地方分権推進委員会の最終報告において今次の分権改革ではまず「団体自治」の拡充方策に取り組んだということが述べられており、「住民自治」に関しては将来的な課題であるとされている。今後の改革がどのようなものになるかということは、現時点でははっきりしないが、先進的な自治体では、請求による情報公開だけでなく、積極的な行政情報の提供、政策評価の導入とその結果公表等による行政のアカウンタビリティの制度化、また、施策の計画段階からの懇話会等の開催やパブリックコメント制度の導入などが行われているが、まだ一部の自治体に限られている。「住民自治」の拡充とは、行政の応答性を高めることであり、究極には行政の仕事が住民ニーズに基づいて決まる仕組みを確立すること[1]であるという考えがあるが、そのとおりであると思われる。その実現のためには、行政は住民が参画できるような制度の確立を行うべきなのは当然であるが、住民の側も自分たちの意向を的確に反映させるように積極的に参画していく必要がある。

（３）合併後の地域社会

　合併のデメリットの問題としてよく言われることに、住民の声が届きにくくなるのではないか、また今までのようなきめ細やかなサービスを受けることができなくなるのではないかということがある。確かに合併により議員の数は減少し、現在の自治会あるいは町内会の再編ということも十分考えられ、また人口、面積の拡大により特に町村レベルにおける現在の行政と住民の身近な関係を維持していくというのは困難になるだろう。そのような点から、今回の市町村合併は、（２）で記述したとおり、行政と住民との関係の再構築、また自治会・町内会の組織の見直しの契機になるのではないだろうか。

　現在の自治会・町内会については人の地域間移動が活発になり、また価値の多様化等の理由から新住民、若い世代ほど加入率は低く、また加入していたとしても活動に参加することは少ないという問題を抱えている。一方で高齢者、障害者、児童家庭等に対する介護を含む福祉サービスの問題、ごみ等の環境問題、地域の治安確保の問題などの身近な問題についてどうしていくかということを考えると、今後は行政に頼るだけではなく、地域でできることは地域でできる仕組みづくり、例えば住民の最小単位を地方圏でいえば、昭和の大合併前の旧村、都市部でいえば小学校区単位のコミュニティとし、そのなかで地域の防災、教育の一部、清掃など地区環境、都市計画の意味でのまちづくりを自主的に決定できるような仕組みをつくる[2]というようなことが考えられる。つまり、そこに自治権と財源を付与し、身近な問題を地域住民で実施、解決する仕組みを確立するのである。既に千葉県習志野市の「まちづくり会議」や、三鷹市の「住民協議会」の取り組みが先例としてあるが、このようなコミュニティ組織については、住民の認知度は必ずしも高くなく、地域住民にこうした組織の取り組みが伝わっていないという問題を抱えている[3]。このような組織が自治組織としての正当性を持つためには、地域の住民が自由に参加できるように、またその組織内でそれぞれの意見を発言することができるようなものにする必要があるが、そのような組織をどのように位置づけるのか、自治体がどのよう

に関わっていくべきかということを検討する必要がある[4]。

　また自治組織とは別に、広くなった圏域の住民の声を伝える方策として、合併特例法では地域審議機会の制度が用意されているが、制度の趣旨から考えると、設置期間について旧市町村の協議により定められるとされているものの、合併後長期にわたって設置されるものではない。よってそれに代わる組織として、篠山市に設置されている「篠山市100人委員会」のような組織を設置し、広く住民の声を聞く制度の構築も必要なことである。

　合併の進展、地方分権の推進により、今後は行政サービス、租税負担等が地域によって格差が生じ、地域間競争が起こり、それにより今以上に発展する地域、またより過疎が進む地域の格差が大きくなることも予想される。そのような格差は地域の立地条件により影響される部分は大きいかもしれないが、住民、行政の両者が明確な目標を持って一体となり協働して行政を進めることにより、住みよい快適なまちづくりが行われれば、その地域は魅力あるものとなり、自然と人や企業などが集まり、地域に活力が生まれることにつながるのではないだろうか。

（4）今後の松阪市を中心とした将来像

　現在のところ松阪地方市町村合併協議会は任意協議会の段階であるが、現時点で参加している5市町で合併した場合の圏域についての将来像を少し考えてみたい。

　この圏域は三重県のほぼ中心部に位置し、松阪市は三重県の南部地域への玄関口となっており、また嬉野町には名古屋方面、大阪・京都方面と伊勢志摩方面をつなぐ近鉄の中川駅があり、さらに伊勢自動車道へのアクセスも容易であることから、交通の便に優れている。近隣の多気町には大規模な液晶工場があり、またそれほど距離のない亀山市にも液晶工場の建設が予定されていることから、今後三重県において液晶関連産業の集積が進むことも考えられ、この地域も交通アクセスの良さを生かし、工場の誘致、またそこで働く人たちの生活

の場の提供等について積極的な環境整備を進めていくことにより、圏域が活性化する可能性がある。一方で高齢化率が高く、森林面積が多くを占める飯南町、飯高町があり、合併後はこれらの地域の振興策とともに、国土保全等の観点から財源がさらに厳しくなっていく中で、いかにして森林を保全していくかということを考える必要がある。

　次に、これまでのこの圏域のつながりということを考えてみると、生活圏では松阪市を中心としてそれぞれある程度のつながりはあるが、行政面を考えると松阪市と飯南町、飯高町は同じ県民局管内であるということもあり、広域行政でのつながりがあるが、嬉野町は松阪地域とは行政面での関係はなく、三雲町は一部関係はあるものの、どちらかといえば津市や一志郡との関係が深く、圏域の一体性という点では弱い。合併後は、単なるよせ集めで、それぞれの旧行政区がバラバラということでは、よりよいまちづくりができるという望みは薄い。合併後は、（3）で記述したとおり、地域社会のつながりを強めていく一方、新市全体の意識の一体性をどのように形成していくかということが重要な課題である。

　現状では、四日市市、鈴鹿市、楠町、朝日町の合併により50万都市が、また津市、久居市、安芸郡、一志郡の11市町村（嬉野が抜けた場合10市町村で30万には届かない）で30万都市が新たにできることが予想される。そうなれば、三重県の北部に大きな都市が集まることになり、人口、企業等の北部へのさらなる集積ということもあり得る。そのような中で、どのようにして魅力ある地域を作り、活性化させていくか。住民と行政が一体となり考えていかなければならない一番大きな課題であるだろう。

おわりに──松阪地区の合併問題──

　松阪地区では、松阪市、嬉野町、三雲町、飯南町、飯高町の5市町が任意の合併協議会を設置し、推進する態勢に入った。その後、松阪大学地域社会研究

所に、新市の将来ビジョンについての原案の作成協力依頼があり、私もその検討委員の1人となったので、それについても取り上げていくこととする。市町村合併では、それまでの市町の行政枠をはずして、新しいまちづくりを一体化して目指すのが肝要である。長年馴れ親しんだ市町の地域性を、全く無視せよということではないが、合併後にこの地域意識を持ち込むと、しこりとなって弊害となる。職員なども、派閥的対立となって仕舞いかねない。

　この視点から、院生との検討で、5市町を、市街化ゾーン、農業ゾーン、森林・自然ゾーンの3ゾーンに分け、その協調的発展を図ることとした。例えば、市街化ゾーンと農業ゾーンを、消費地と生産地と位置付け、新鮮で安全な野菜や農産物を産地直売で結びつける。森林・自然ゾーンとは、観光・レクリエイションの地域として、市民を呼び込むなどが、考えられる。この考えは、将来ビジョンに取り入れられ、「人・暮らしゾーン（市街地住宅ゾーン）」、「農・いとなみゾーン（農業・農園ゾーン）」、「緑と水・やすらぎゾーン（自然共生ゾーン）」として具体化された。

　先ず、まちづくりの基礎となる資源の洗い出しを行った。

1、歴史と文化

　宝塚古墳（船型埴輪）、松阪城址、本居宣長記念館、御城番屋敷、商人の館、三井家発祥の地、竹川家（射和文庫）、松阪もめん、本居宣長奥墓、松浦武四郎記念館、粥見井尻遺跡、片部遺跡（日本最古の文字）、格子戸の会、小津安二郎（松阪・飯高町）

2、自然と遊ぶ

　森林公園、伊勢山上、富士見ケ原、奥香肌峡、つつじの里、松名瀬海岸、五主海岸

3、温泉・レジャー施設

　香肌峡温泉（スメール）、山林舎、リバーサイド茶倉、三重嬉野温泉、ゴルフ場、競輪場

4、子供を育てる

みえこどもの城、中部台公園、鈴の森公園
5、農業
　農と匠の里、三重県農業技術センター、和紙和牛センター、
6、ネットワーク
　松阪ケーブルテレビ、飯南・飯高ケーブルテレビ、茶王ケーブルインターネット、松阪大学
7、イベント・お祭り
　　氏郷祭、松阪みなと祭、初午祭、祇園祭、武四郎まつり、おおきん祭、うきさと祭、香肌まつり、いいなんふれあい祭、茶倉牛祭り
8、グルメと名物
　松阪牛、煎茶、茶倉茶うどん、とっとき味噌、香肌漬物、いちご、しいたけ、アユ、アマゴ、いちじく、エスカルゴ、モロヘイヤ、一志米、びわ、嬉野大根、嬉野豆腐

これらの資源を、機能的、広域的に結びつけ、地域の活性化を図ることが求められる。このように、この地域の資源は豊富である。松阪牛のように、世界的なブランドとなっているものもある。

「新市ビジョン」では、「まちづくりの基本理念」として、「市民・地域の個性が光り輝き、誇りと美しさを備えた、交流都市の実現を目指す」とし、そのまちづくりの基本的な方法・考え方として、

　①市民・行政の協働によるまちづくり

　②地域社会・コミュニティを重視したまちづくり

　③交流と連携を生かしたまちづくり

そして、新市のまちづくりの目標とそれを具体化する基本プロジェクトが9つ設定された。

・地域の中で支えあう福祉・人権のまち

・環境に優しく美しいまち

・若者を育てるまち

・安全で快適なまち
・地域産業の振興をはかるまち
・市民が参加する活力あるまち
・歴史・文化をはぐくむまち
・情報ネットワークのまち
・さまざまな交流を推進するまち

　大学院生との研究では、各人の思い付きや自由な発想をKJ法でまとめる作業を行った。系統的ではないが、多様な考えが提供された。

1、市民生活の充実・向上
　・下水道・排水路・防災体制の整備充実
　・定期的な各種環境保全活動
　・合併による議員削減・民意反映
　・住民票等各種書類申請のオンライン化

2、新市の環境整備
　・三交デパートを中心とするショッピングバスを走らせる
　・スポーツ・レクリエーション施設の充実
　・交通事故減少を目差す取り組み
　・飯高町・飯南町などの特産品を月一回松阪駅前通りで開く
　・放置自転車の処理
　・港公園
　・松阪駅・伊勢中川駅・松阪インターの三角形を中心とするまちづくり
　・景観条令の制定
　・農地整理株式会社化

3、交通の安全性・利便性の向上
　・交通事故多発都市の解消
　・環状道路を整備し、通過車両の分散化を図り、生活道路と区分する
　・コミュニティバスを走らせる

- ・世界の都市名をつけた道路整備
- ・山から海へ高速ケーブルでつなぐ市
- ・中心部に駐車場の確保
- ・交通手段の整備

4、歴史・文化各種施設の活用・新設
- ・プロスポーツの誘致
- ・地区ごとに道の駅をつくる
- ・三井高利記念館をつくり三井関係企業と連携する
- ・マツサカ・ビーフ・ロード
- ・飯南町・嬉野町を松阪牛ランドにする（見学・グルメコース）
- ・江戸時代の町並みが残っているところを結んで歴史街道散策コースを作る
- ・大規模ファームとレジャー施設新設
- ・歴史を生活する地区
- ・松阪競輪場に大レースを誘致する
- ・古い町並みの保存・活性化のための行事
- ・まちの駅「寸庵」のより一層のPR
- ・「スメール」を中心に高齢者のヘルシーランド
- ・地質学のフィールド学習の場（中央構造線）

5、新市の施策
- ・グローバル化に伴う海外との姉妹都市提携
- ・自然を生かす地区
- ・食文化を中心とする地区
- ・CATVでネットワーク合併記念地区をつくり、新しいまちづくりをする
- ・公営ギャンブルゾーン新設
- ・焼肉横丁
- ・地場産業の振興（例えば、林業・木工業・松阪牛など）
- ・山と川と海の出会う町

- 熊野・奈良・伊勢・名古屋・大阪・京都への交通拠点と港を生かしたハブシティー
- ふれあいのまちづくり
- みえこどもの城を中心にこどもの王国づくり
- 新しい市庁舎を中心に新しいまちづくり
- 教育と文化のまちで、若い人を集める
- 地域の特性を生かした区分をし、地域づくりをする

6、合併による問題点
- 同一市での生活環境格差の表面化
- 格差の問題を解消する具体策はあるか、福祉のレベルダウンはないか
- 社会資本の整備、公共料金等で地域格差はどうなるか
- 中心部から離れた所へのサービス等の提供の面の反対に、都市部の財源が過疎地へ流れる不満
- 地域性のサービスが広域化する中で、活性化と両立が可能か
- 介護サービス
- 本当の行政の効率的配置が可能か
- 無駄な公共施設が増加するのではないか、統廃合が必要
- 合併後の特例法適用終了後、本当に単独でやっていけるのか
- 合併で予算の配分が各地域の要望に応えられるか
- 合併後の財政配分がわからないので、具体的な問題点が出しにくい
- 議員の減少により縁辺部は不利になるのではないか
- 危機管理（消防・救急など）の連携がうまくいくのか

7、松阪大学の関わり方
- 学生による商店街でのミニ学園祭の開催やまちのまちの観光PRイベントでまちづくり・大学と市民が一体となって、大学からの最新情報と市民・企業の創意工夫で新たな文化の創造
- 市民向けのまちづくり説明会等を大学で開催

・地域政策・まちづくり関係の科目充実
・地場産業が地域の資源を利用して有効な活用方法の研究
・大学を中心に生涯教育プランをつくり、幼児から高齢者まで活用、集まる場とする
・出前講座を、まち（公民館など）単位で実施する
・産業の空洞化への対策の研究
・企業と連携した専門の研究機関の設置
・科目履修生の受け入れ枠拡大
・名人バンクをつくり、○○教室等開催
・松阪大学を拠点とした学術・芸術都市
・学生による社会実習ボランテイア活動を、市民や企業との共同研究で交流を図る
・開かれた大学として近隣の緑地や大学図書館、教室の市民への開放で、学生との交流

　市町村合併は、国や市町村の財政問題が最大の要因としてとらえられているが、それ以上に新しいまちづくりの契機として前向きにとらえる必要がある。21世紀の日本には、20世紀の膨大な借金や、少子高齢化、人口減少など、克服しなければならない課題が山積している。これらに対応するには、市町村の規模をある程度拡大せざるを得ない。100年後には、このままで行くと人口が半減することと予想されている。長期的な視野に立って、思い切ったビジョンを描かなければ、地域は衰退してしまう。

　注
　1）「自治・分権と市町村合併」丸山康人編著　イマジン出版　93ページ
　2）「市町村合併ノススメ」小西砂千夫　ぎょうせい　118ページ
　3）　丸山康人編著　前掲書　103ページ
　4）「自治の新しい仕組みに「近隣政府」の導入を―「多様性と選択」で21世紀自治の可能性を開く」寄本勝美（取材・構成／池田豊彦）ガバナンス2002年7月号25ペー

ジでは、新しい住民自治・近隣自治の観点から身近な近隣自治の仕組みについて、Aタイプ＝住民参加・協働型、Bタイプ＝近隣政府型（細かくはさらにB-1タイプとして「準自治体」ないし「近隣政府」型と、B-2タイプとして「近隣自治政府移行型」の2つに分かれる）の2つに分類し、それぞれのタイプの検討と近隣政府のあり方について記述されている。

付記

本稿は、松阪大学大学院「政策過程論」の授業の一環として取り組んだ。はじめに、おわりに（阪上順夫）、1（青木博史）、2（松本　諭）、3（田中稔浩）、4（前川幸康）、5（脇田知紘）、6（中里和彦）、7（今井良幸）

第4章 市町村合併の政策的課題 155

表2 合併パターンによる人口および地方交付税額（人口は平成7年度国勢調査より）比較

A 拠点都市形成型

合併市町村	人口（平成7年度国政調査）	14歳以下人口総数 単位：人	14歳以下人口総数 単位：人	65～以上人口総数 単位：人	世帯数 単位：世帯	議員定数	議員1人当たりの人口	合併後の法定数における議員数試算	住民1人あたりの地方交付税額（H12）	H12地方交付税額
松阪市	122,449	19,755	82,283	20,411	43,256	30	4,082	23	65,773	8,053,838,077
飯南町	6,528	1,039	3,830	1,659	1,841	12	544	1	302,124	1,972,265,472
飯高町	5,915	826	3,381	1,708	1,852	12	493	1	385,644	2,281,084,260
三雲町	10,335	1,820	6,792	1,723	3,370	14	738	2	136,360	1,409,280,600
多気町	10,226	1,602	6,445	2,179	3,565	16	639	2	171,033	1,748,983,458
明和町	21,853	3,744	14,201	3,908	6,335	20	1,093	4	116,877	2,554,113,081
勢和村	5,415	877	3,241	1,297	1,497	14	387	1	290,807	1,574,719,905
	182,721	29,663	120,173	32,885	61,716	118	1,548	34		19,594,284,853

法定議員数34名に対する人口5,374人で試算

B 自立都市形成型

合併市町村	人口（平成7年度国政調査）	14歳以下人口総数 単位：人	14歳以下人口総数 単位：人	65〜以上人口総数 単位：人	世帯数 単位：世帯	議員定数	議員1人当たりの人口	合併後の法定数における議員数試算	住民1人あたりの地方交付税額（H12）	H12地方交付税額
松阪市	122,449	19,755	82,283	20,411	43,256	30	4,082	21	65,773	8,053,838,077
飯南町	6,528	1,039	3,830	1,659	1,841	12	544	1	302,124	1,972,265,472
飯高町	5,915	826	3,381	1,708	1,852	12	493	1	385,644	2,281,084,260
三雲町	10,335	1,820	6,792	1,723	3,370	14	738	2	136,360	1,409,280,600
多気町	10,226	1,602	6,445	2,179	3,565	16	639	2	171,033	1,748,983,458
明和町	21,853	3,744	14,201	3,908	6,335	20	1,093	4	116,877	2,554,113,081
大台町	7,573	1,099	4,691	1,783	2,458	14	541	1	207,585	1,572,041,205
勢和村	5,418	877	3,241	1,297	1,497	14	387	1	290,807	1,575,592,326
宮川村	4,185	474	2,308	1,403	1,446	14	299	1	556,886	2,330,567,910
	194,482	31,236	127,172	36,071	65,620	146	1,332	34		23,497,766,389

法定議員数34名に対する人口5,720人で試算

第4章　市町村合併の政策的課題　157

C　松阪地方市町村合併検討会

合併市町村	人口（平成7年度国政調査）	14歳以下人口総数 単位：人	14歳以下人口総数 単位：人	65〜以上人口総数 単位：人	世帯数 単位：世帯	議定員数	議員1人当たりの人口	合併後の法定数における議員数試算	住民1人あたりの地方交付税額（H12）	H12地方交付税額
松阪市	122,449	19,755	82,283	20,411	43,256	30	4,082	22	65,773	8,053,838,077
飯南町	6,528	1,039	3,830	1,659	1,841	12	544	1	302,124	1,972,265,472
飯高町	5,915	826	3,381	1,708	1,852	12	493	1	385,644	2,281,084,260
三雲町	10,335	1,820	6,792	1,723	3,370	14	738	2	136,360	1,409,280,600
嬉野町	17,903	2,729	11,903	3,271	5,768	16	1,119	3	127,532	2,283,205,396
多気町	10,226	1,602	6,445	2,179	3,565	16	639	2	171,033	1,748,983,458
明和町	21,853	3,744	14,201	3,908	6,335	20	1,093	4	116,877	2,554,113,081
大台町	7,573	1,099	4,691	1,783	2,458	14	541	1	207,585	1,572,041,205
勢和村	5,418	877	3,241	1,297	1,497	14	387	1	290,807	1,575,592,326
宮川村	4,185	474	2,308	1,403	1,446	14	299	1	556,886	2,330,567,910
	212,385	33,965	139,075	39,342	71,388	162	1,311	38		25,780,971,785

法定議員数38名に対する人口5,589人で試算

D 松阪地区任意合併協議会

合併市町村	人口（平成7年度国政調査）	14歳以下人口総数単位：人	14歳以下人口総数単位：人	65歳以上の人口	世帯数単位：世帯	議定員数	議員1人当たりの人口	合併後の法定数における議員数試算	住民1人あたりの地方税付額(H12)	H12地方交付税額
松阪市	122,449	19,755	82,283	20,411	43,256	30	4,082	26	65,773	8,053,838,077
飯南町	6,528	1,039	3,830	1,659	1,841	12	544	1	302,124	1,972,265,472
飯高町	5,915	826	3,381	1,708	1,852	12	493	1	385,644	2,281,084,260
三雲町	10,335	1,820	6,792	1,723	3,370	14	738	2	136,360	1,409,280,600
嬉野町	17,903	2,729	11,903	3,271	5,768	16	1,119	4	127,532	2,283,205,396
	163,130	26,169	108,189	3,271	56,087	84		34		15,999,673,805

法定議員数34名に対する人口4,798人で試算

表3 松阪地区任意合併協議会構成市町村の制度比較

	住民票・印鑑証明交付手数料	公営住宅家賃最低額	紙おむつ支給制度	公営バス	児童援護金	高齢者祝い金
松阪市	200	700	有	無	無	90歳以上5,000円
飯南町	200	1200	有	有	無	85、88歳に記念品・100歳に20万円
飯高町	200	16300	無	無	無	100歳に30万円と記念品
三雲町	300	——	有	有	有	80歳以上5,000円・90歳以上8,000円・100歳以上20万円と記念品・
嬉野町	300	4300	有	無	有	75歳以上5,000円・88歳に記念品

表4　主要指標

市町村名	面積(km²)H12年度	人口 H13年度	延び率%	人口密度 H13年度	世帯数 H13年度	延び率%	地方税収入 H11年度 千円	延び率%	農業粗生産額 H11年度 千円	延び率%	製造品出荷額 H11年度 万円	延び率%	民営事業所数 H11年度	延び率%	小売業商店数 H11年度	延び率%	小売業年間販売額 H12年度 百万円	延び率%
松阪市	209.65	123,196	0.3	587.6	44,050	1.7	16,002,315	0.4	840	-12	35,198,849	-5.6	7,412	-1	1,728	-4.6	156,923	-7.4
飯南町	76.33	6,381	-0.8	83.6	1,892	0.4	427,676	-0.5	93	5.7	645,058	-6.7	353	-5	71	-4.1	3,332	21.3
飯高町	240.94	5,890	-1.2	24.4	1,967	-0.6	627,483	0.4	64	6.7	787,103	10.2	401	-8	105	-1.9	3,054	-9.8
三雲町	18.89	11,311	1.6	598.8	3,945	3.5	1,335,523	1.4	159	0	2,349,188	-9.2	618	-4	129	9.3	18,350	-3.5
嬉野町	77.99	18,415	1.3	236.1	6,116	2.5	1,880,001	2.9	228	-0.9	3,124,566	11.5	616	0.3	121	-1.6	6,724	4.3
	623.80	165,193	0.4	264.8	57,970	2.6	20,272,998	0.7	1,384	-6.9	42,104,764	4.5	9,400	-2	2,154	-3.5	188,383	-6.3

第4章　市町村合併の政策的課題　161

【昭和28年6月19日第三種郵便物認可】

松阪市、飯南町、飯高町、三雲町、嬉野町

3ゾーン分けまちづくり

松大・阪上教授ら　市町の境界消し研究

松阪市など5市町による合併議論が進む中、松阪市久保町の松阪大学大学院の阪上順夫教授が、この5市町による新大学の阪上順夫教授が、この5市町による新たな構想について研究し、独自のまちづくりの方法を導き出した。これはあくまで研究の一環で、今後の議論に直接影響してくるものではないが、少なくとも5市町にとっては参考の1つになる。阪上教授らは「各市町村が『自分たちのまちを良くしていく』と考えるのではなく、全体として新しいまちをつくっていかなければ」と訴えている。

任意協議会が立ち上がった松阪市と飯南郡飯南町、飯高町、一志郡三雲町、嬉野町の5市町の枠組みで地域の合併問題に取り組むことにした。

院生たちはまず、各市町の地域性を生かしたまちづくりについて考えるため、模造紙に5市町の地形を描き、鉄道や幹線道路などを書き込んだ。続いて、各市町の境界線を考え、地域の合併問題について、さまざまな観点から着目できるよう行政上の問題点や合併のメリット、デメリットなど大きな項目を掲げ、思い当たる詳細な意味も書き加えた。

これにより、松阪市中心部から三雲町全体にかけての「市街化ゾーン」、嬉野町から松阪市の山間部、飯南町の一部の「農業ゾーン」、飯南町の南部から飯高町にかけての「自然森林ゾーン」の3ゾーンによるまちづくりを導き出した。

続いて、各町村の資源を生かしたまちづくりの意味がない。議論の段階から境界線を外し、全体（新市）を見たまちづくりを考えていかなければ」と話している。

阪上教授はこれをまとめた論文を作る計画で、今後の議論にも役立てていきたいとしている。

この研究から阪上教授は「合併議論ではそれぞれの市町村が自分たちのまちを中心に考える傾向が強いが、それでは合併の意味がない。

平成の大合併

院生6人は今年4月、速、院生たちは阪上教授のアドバイスで合併の必要性や国に与える影響、阪上教授が担当する政策課程論を専攻。この中でメリット、デメリットなどを研究。これらを踏まえ、松阪地区で真っ先に阪上教授は、話題になっている市町村合併について

（1）

院生たちが研究で作成した5市町のまちづくり案を持つ阪上教授＝松阪市役所で

合併による3ゾーンまちづくり案は、「新都市計画案」に盛り込まれた。

松阪市 [まつさかし]

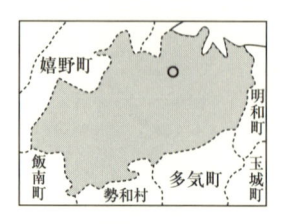

【所在地】〒515-8515　松阪市殿町1340-1　TEL0598-53-4322
【データ】成立／1933年2月1日、面積／209.65km²、人口／123,196人、世帯数／44,050世帯、市長／野呂昭彦

県中央部に位置し、北東部で伊勢湾に直面する。櫛田川や金綱川などが集まり、伊勢湾に流入する。西部は白猪山（820メートル）などの山並みがつらなる。国道23号線、42号線、166号線、369号線、伊勢自動車道、JR紀勢本線・名松線、近鉄山田線が通じる。

縄文から弥生期の遺跡が多く、2000年には宝塚古墳から日本最大の船形埴輪が出土した。南北朝期から北畠氏が支配し、1569年に織田信長が侵攻すると大河内城に籠城する。88年には蒲生氏郷が松阪城を築城し、城下町を計画的に形成する。江戸期は木綿を商う松阪商人が成長し、三井はそのひとつ。参宮街道と和歌山街道の合流する宿場町として発展する。国学者、本居宣長の生地でもある。

昭和30年代、松阪港臨海工業地帯にセントラル硝子などが進出する。また、1990年に松阪中核工業団地が造成される。松阪牛の特産地として名高い。

嬉野町【うれしのちょう】

【所在地】〒515-2322　一志郡嬉野町大字須賀1443-5　TEL0598-48-3800　【データ】成立／1955年3月15日、面積／77.99km²、人口／18,415人、世帯数／6,116世帯、町長／笹井健司

県中央部、一志郡南東部に位置する。南端には高須ノ峰（798メートル）がそびえる。中央部に雲出川の支流である中村川が流れ、上流域には山林がひろがる。1996年に伊勢自動車道の一志嬉野ICが開通し、JR名松線が通じるほか、近鉄大阪線・名古屋線・山田線が分岐する。『古事記』に言及されている豪族壱師君の本拠地で、三角縁神獣鏡などを出土した前方後円墳、筒野古墳をはじめとする一志古墳群がある。平安期は伊勢平氏が勢力を強め、数多くの荘園が成立した。南北朝期のころには伊勢国司の北畠氏の支配下におかれ、釜生田城などが築かれた。

一志米の産地で、イチゴやビワ、電照菊などの栽培も盛ん。磨き丸太や木炭の生産加工もおこなわれる。伊勢中川駅周辺の再開発が現在進められている。

三雲町【みくもちょう】

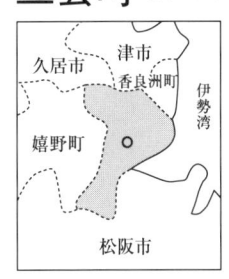

【所在地】〒515-2112　一志郡三雲町大字曽原872　TEL0598-56-7905　【データ】成立／1955年3月21日、面積／18.89km²、人口／11,311人、世帯数／3,495世帯、町長／市川庄一

県中東部、一志郡東端に位置する。伊勢平野中央部、雲出川と三渡川の河口域にあたり、東部で伊勢湾と接する。国道23号線、42号線、JR紀勢本線が通じる。

中ノ庄遺跡など、弥生から古墳期の遺跡が点在し、古代条里制の遺構が残る。伊勢神宮の御厨や御園もおかれた。南北朝から戦国期は佐藤氏や天花寺氏ら土豪が勢力争いをくりひろげた。江戸期は新田開発が進む。伊勢街道筋にあたり、参詣者相手の旅籠屋や茶店が軒をつらねた。

今日は一志米のほか、イチゴやイチジクの栽培が盛ん。五主海岸ではノリの養殖がおこなわれ、おもに佃煮用として食品業者に出荷されている。1981年国道沿いに中央卸売市場が開設される。北海道の名づけ親である探検家、松浦武四郎の出身地で、94年に記念館がオープンした。

飯南町【いいなんちょう】

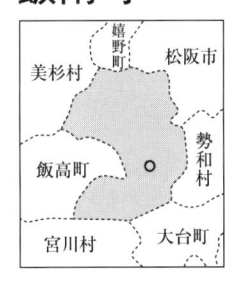

【所在地】〒515-1411　飯南郡飯南町大字粥見3950　TEL0598-32-2511　【データ】成立／1956年8月1日、面積／76.33km²、人口／6,381人、世帯数／1,892世帯、町長／中野孝是

県中南部、飯南郡東部に位置する。北東部の局ヶ岳（1029メートル）などに囲まれる山村で、中央部には櫛田川が流れる。国道166号線、368号線、369号線が通じる。

1996年に発見された縄文初期の粥見井尻遺跡から、日本最古とされる土偶が発見される。古代、豪族の飯高氏が権力を握る。のちに勢力を強めた伊勢平氏の滝野城は源氏に攻められ、最後の拠点となる。江戸期は紀州藩領で、川俣茶（伊勢茶）の産地として発展し、御用茶となる。シイタケ栽培や紙漉（深野紙）もおこなわれるようになる。

今日も茶やシイタケの生産が盛んで、飯南茶は全国茶品評会で1992年度から3年連続して農林水産大臣賞を受賞するなど、高い評価を受ける。松阪牛の産地でもあり、杉皮の生産量は日本一といわれる。観光拠点にリバーサイド茶倉がある。

飯高町【いいたかちょう】

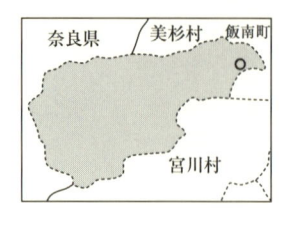

【所在地】〒515-1592　飯南郡飯高町大字宮前180　TEL05984-6-1111　【データ】成立／1956年8月1日、面積／240.94km²、人口／5,890人、世帯数／1,967世帯、町長／宮本里美

県中南部、飯南郡西部に位置する。分水峰の高見山（1249メートル）や明神岳（1432メートル）など、台高山脈の山並みを隔て、奈良県川上村・東吉野村・御杖村に接する。町域の95％を山林が占め、中央部に櫛田川が流れる。国道166号線、422号線が通じる。

大化の改新で破れた蘇我入鹿の首塚と伝わる舟戸五輪塔がある。鎌倉から南北朝期には神八郡のひとつとして伊勢神宮領の滝野御厨がおかれる。また、南北朝期に権力を握り、1576年に織田信長の命で暗殺された北畠具教の首塚がある。江戸期は紀州藩領で、松阪と和歌山を結ぶ参宮南（和歌山）街道筋としてにぎわう。

良質な飯高杉と香肌茶の産地で、観光資源に室生赤目青山国定公園の香肌峡などがある。映画監督の小津安二郎が青春期を過ごしたことから、飯高町は「小津安二郎青春のまち大賞」を主催。

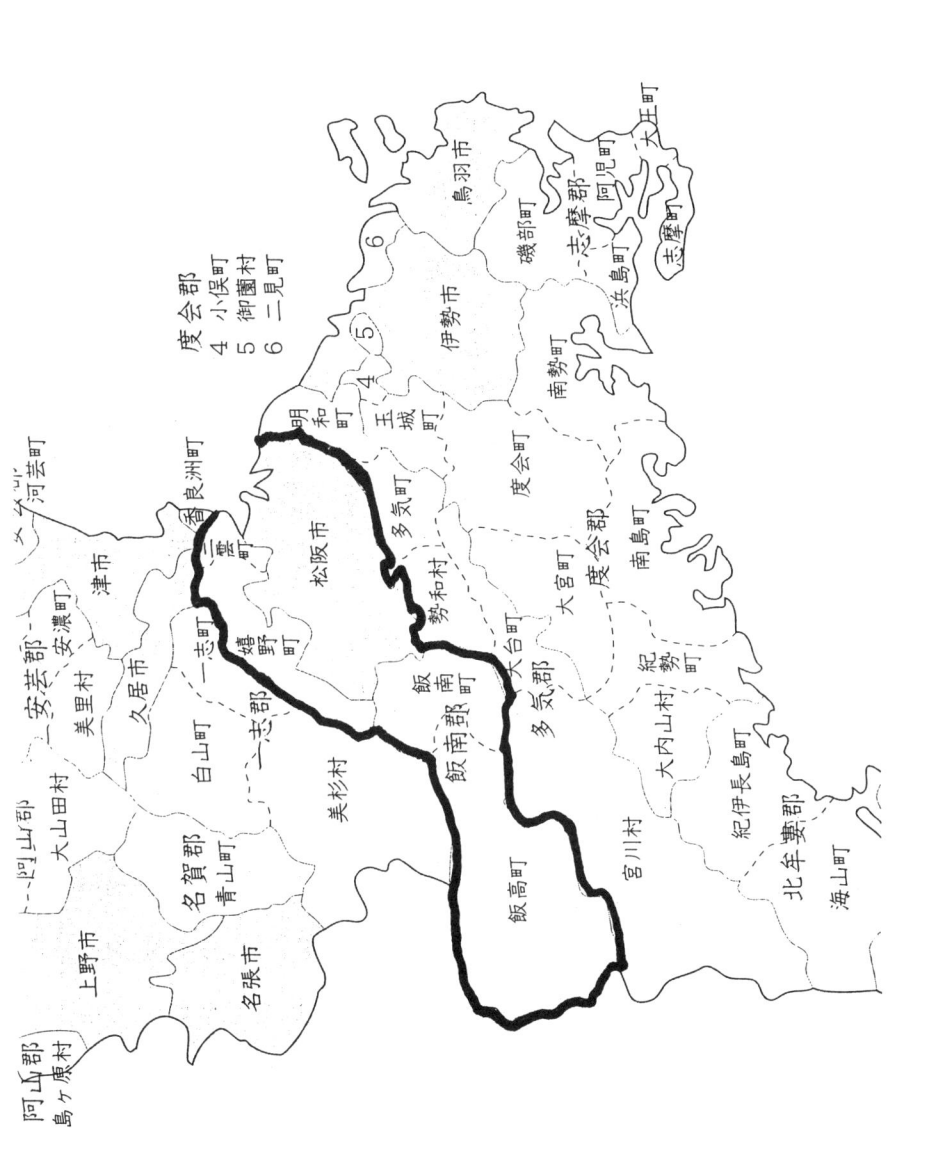

第4章 市町村合併の政策的課題 165

度会郡
4 小俣町
5 御薗村
6 二見町

第5章　西さがみ連邦共和国
（小田原市、箱根町、真鶴町、湯川原町）

　小田原市では、歴史的にも生活圏としても古くから結びつきの深い箱根町、真鶴町、湯川原町、との間で、合併も視野に入れた広域圏、「西さがみ連邦共和国」の建国を行った。しかし、未だ合併協議会を設立する段階には至っていない。(その後、真鶴町・湯河原町で合併問題が進行している)

1　建国の目的

（1）21世紀型の広域連携の創造
　我が国有数の景勝地・保養地として広く知られ、かつ、歴史的にも深いつながりのある小田原市、箱根町、真鶴町、湯川原町の1市3町が、行政圏として、また生活圏として協働し、それぞれのまちが有する資源や魅力を十分に発揮した21世紀にふさわしい新たな型の広域連携を創造する。

（2）市町村合併問題への取り組み
　将来の地域の姿を見据えて、市町村合併について住民とともに考える機会づくりとするため、市町村合併に関する調査研究を行い、これらの情報を的確に住民に提供する。

2　行動目標（西さがみ連邦共和国憲章から）

（1）先人たちが営々と努力し、培い、受け継ぎ、守られてきた自然や文化・伝統を大切に守り、未来の「まちづくり」に活かすとともに、次の世代に受け継ぐ。

（2）それぞれのまちの持つかけがいのない有形無形の資源や魅力を磨き、活

用することによって、一体感のある「まちづくり」に邁進する。
（3）地方分権時代にふさわしい新しい「まちづくり」を探り、ともに表情豊かな地域の将来の姿を見据えて、住民とともに考える「新しいまち」を創造する。
（4）地域の広範な交流により、相互理解を一層深めるとともに、これからの新しい広域連携を支え、担う人材を育成する。

3　地域特性

（1）自然環境と気候
　小田原市、箱根町、真鶴町、湯川原町の1市3町は、神奈川県の西部地域に位置し、富士・箱根・伊豆国立公園の一角をなし、箱根山地をはじめとする美しい山並み、芦の湖、酒匂川、相模湾など恵まれた自然環境を有している。また、気候も温暖で、過ごしやすい地域であることから、明治、大正時代には、政財界の著名人や文人墨客が数多く集った。
（2）歴史
　戦国時代に北条早雲がこの地域を拠点として関東全域を統治し、江戸時代以降も城下町・宿場町の小田原を中心に、政治、経済、文化あらゆる面で深いつながりを育みながら常に一体的な発展を遂げてきており、明治22年に町村制がしかれ行政界の基が築かれ現在に至っている。
（3）交通網
　鉄道網として東海道新幹線、東海道本線をはじめ6路線が通り、道路網としては西湘バイパス、小田原厚木道路といった自動車専用道路をはじめ国道1号、国道135号等主要な幹線道路が整備されている。

4　取り組む事業

（1）事務事業の協働化

地域の活性化、住民の利便性の向上などを目指し、事務事業の協働化の検討・実践。
(2) 職員研修・人事交流
　市町間の人事交流を図り、新しい広域連携を支え、担う人材の育成。
(3) 広域連携と市町村合併についての研究
　新しい広域連携のあり方を研究するとともに、市町村合併に関するメリット・デメリット、課題・問題点などについて情報収集・整理を行い、これらの情報を住民に的確にて提供する。
(4) フォーラムの開催
　地域の将来像や今後のまちづくりを考えていく機会となるよう、フォーラムを開催する。

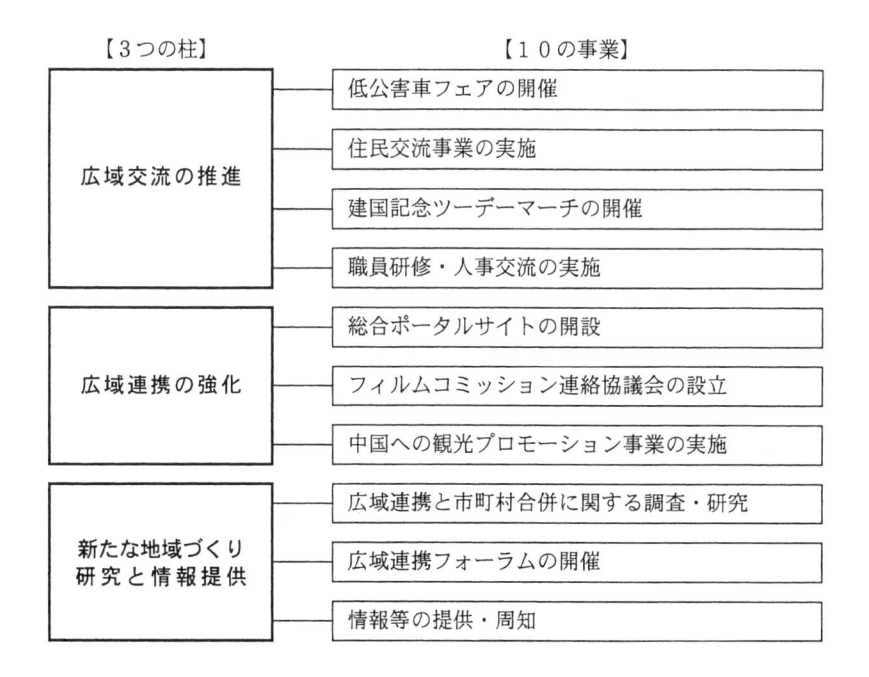

【3つの柱】	【10の事業】
広域交流の推進	低公害車フェアの開催
	住民交流事業の実施
	建国記念ツーデーマーチの開催
	職員研修・人事交流の実施
広域連携の強化	総合ポータルサイトの開設
	フィルムコミッション連絡協議会の設立
	中国への観光プロモーション事業の実施
新たな地域づくり研究と情報提供	広域連携と市町村合併に関する調査・研究
	広域連携フォーラムの開催
	情報等の提供・周知

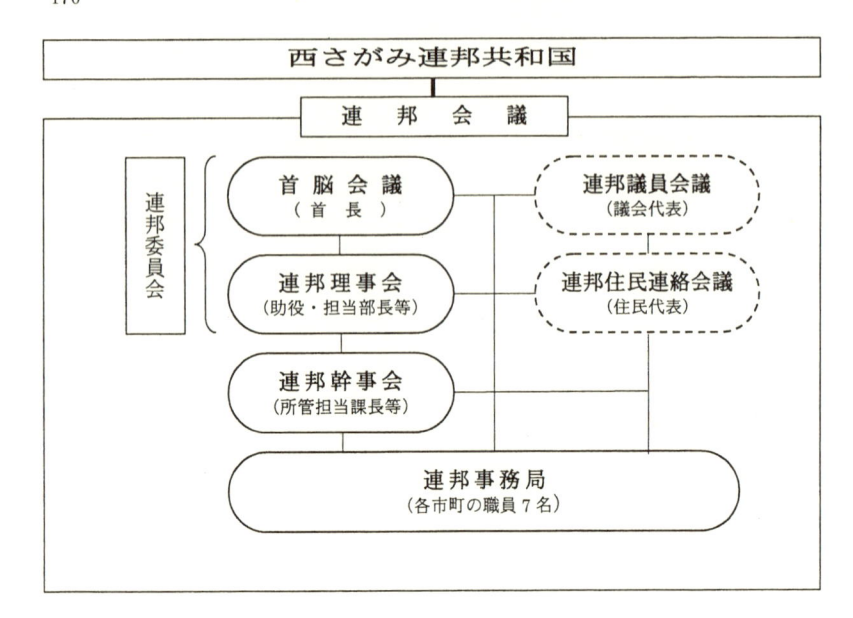

```
                    西さがみ連邦共和国
                    ┌──────────────┐
                    │   連 邦 会 議   │
                    └──────────────┘
        ┌─────┐ ┌──────────┐   ┌──────────┐
        │連    │ │  首 脳 会 議  │───│ 連邦議員会議  │
        │邦    │ │  ( 首  長 )  │   │ (議会代表)   │
        │委    │ └──────────┘   └──────────┘
        │員    │ ┌──────────┐   ┌──────────┐
        │会    │ │  連 邦 理 事 会 │───│ 連邦住民連絡会議│
        │      │ │(助役・担当部長等)│   │ (住民代表)   │
        └─────┘ └──────────┘   └──────────┘
                 ┌──────────┐
                 │  連 邦 幹 事 会 │
                 │(所管担当課長等) │
                 └──────────┘
                 ┌──────────────┐
                 │   連 邦 事 務 局  │
                 │ (各市町の職員7名) │
                 └──────────────┘
```

1市3町の基礎データ

市町名	人口(世帯)(人)	面積(km²)	予算額(千円)	地方税収入 金額(千円)	地方税収入 構成比(%)	財政力指数	議員定数 条例(名)	議員定数 法定(名)	職員数(名)
小田原市	200,173 (71,448)	114.09	58,400,000 (58,100,000)	33,300,000 (33,350,000)	57.0 (57.4)	0.977	32	44	2,121
箱根町	15,829 (7,388)	92.82	12,358,000 (12,016,000)	7,123,000 (7,314,000)	57.6 (60.9)	1.511	20	26	450
真鶴町	9,075 (3,192)	7.02	3,215,000 (3,017,000)	1,063,470 (1,088,000)	33.1 (36.1)	0.563	15	22	126
湯河原町	27,720 (10,480)	40.99	8,680,000 (8,115,000)	4,502,770 (4,602,000)	51.9 (56.7)	0.794	19	30	377
合計	252,797 (92,508)	254.92	82,653,000 (81,248,000)	45,989,240 (46,354,000)	55.6 (57.1)	―	86	122	3,074

※1 「人口」「世帯」は平成12年度国勢調査結果(H12.10現在)
※2 「予算額」「地方税収入」は平成14年度一般会計当初予算額
   ( )は、平成13年度当初予算額
※3 「財政力指数」は平成13年度における過去3ヵ年平均の指数
※4 「議員定数」のうち、「条例定数」は、平成13年4月1日現在
※5 「職員数」は、一般・消防・教育・企業会計・特別会計の数

第5章　西さがみ連邦共和国　171

今始まる、新しいチャレンジ！
～西さがみ連邦共和国、事業計画を発表～

西さがみ連邦共和国を構成する小田原市、箱根町、真鶴町、湯河原町。観光だけでなく、教育・文化・生活にいたるまで、幅広い分野での連携と交流に取り組む、新しい時代を見据えた試みが始まりました。
問 西さがみ連邦共和国事務局（小田原市西さがみ連邦共和国推進室内）☎33-1404

西さがみ連邦共和国の目指すもの

21世紀は住民の皆さんに一番身近な存在である市町村が、自分の責任において、独自のまちづくりをする「市町村の世紀」です。

一つの行政圏・生活圏を作り古くから歴史的な結びつきがある小田原市、箱根町、真鶴町、湯河原町の1市3町は、平成13年11月19日に、合併も視野に入れ、広域連携を深めていくため「西さがみ連邦共和国」の建国を決定しました。これから、まちづくりの主役である住民の皆さんとともに、さまざまな事業やそこから生まれる交流を通して、新たな連携を作り出していきます。

第1回首脳会議の開催

4月26日(金)、小田原市役所に小澤小田原市長・山口箱根町長・三木真鶴町長・米岡湯河原町長が集まり、西さがみ連邦共和国の第1回「首脳会議」が開かれました。会議では、組織体制と平成14年度の事業計画が決まり、また1市3町の職員で組織する「西さがみ連邦共和国事務局」の設置と併せて臨時記者会見が開かれました。

組織は、こうなる！

西さがみ連邦共和国の最高議決機関として、4首長で組織される「首脳会議」を設置。ここで、最重要決定が行われます。そのほか、各市町の助役らによる「連邦常任会」、課長らによる「連邦幹事会」、担当職員による「連邦事務会」を設け、事業を展開していきます。

また、議会議員の代表による「連邦議員会議」や、住民代表による「連邦住民連絡会議」の設置も検討します。

平成14年度に取り組む事業

西さがみ連邦共和国の最初の目標は、圏域の住民が一体感を共有できるような相互交流を行うことです。それぞれの市町が持つ豊かな自然環境や歴史・文化を生かし、次の3つの柱のもとに事業を展開します。

小田原市
箱根町
真鶴町
湯河原町

「西さがみ連邦共和国」の事業計画について(1)

西さがみ連邦共和国総合ポータルサイト「西遊季」スタート！

☎ IT推進課 33-1264

URL
http://www2.city.odawara.kanagawa.jp/saiyuki/

インターネットを活用して、圏域内の観光や商業などの情報提供を目指すホームページです。
ポータルとは「玄関」の意味で、西さがみ連邦共和国を利用しようとする人が気軽に訪問し、見たい人が答える「噂」口コミ機能、「迎」もてなし、「報」新着情報の3つのコーナーがあります。取っておきの情報を、皆さんもお寄せください。

主な機能
① 検索エンジン
圏域内の各種ホームページを検索する機能です。
② 電子掲示板
圏域内の観光や商業などに興味を持つ人が気軽に質問し、見た人が答える交流機能。電話帳やテレビ番組のように能も入れ、情報やサービスを簡単に引き出せるように工夫しています。

（仮称）西さがみフィルム・コミッション「FC」の設立

☎ 広報広聴室 33-1261

FCは、ロケ候補地の紹介や宿泊、飲食、機材レンタルなどの撮影支援情報を提供する地域の経済効果も期待。今年放送されたフジテレビ「恋するトップレディ」では、約6000万円もの直接的な経済効果がありました。

恋するトップレディ撮影風景

撮影に必要なさまざまなことがらをサポートします。
撮影地やそれによるイメージアップやそれによる観光客の誘致も期待できます。さらに、ロケ隊の宿泊、飲食、資機材の購入やレンタルなどによる地域の経済効果もさることながら、施設使用許可やエキストラの募集など、間接的な経済効果があります。

1 広域交流の推進

① 住民交流事業の実施
それぞれの市町で開かれるウォーク大会・スポーツ教室や、体験学習・セミナーなどの身近なイベントに相互参加できるようにし、交流の機会を増やします。

② 低公害車フェアの開催
豊かな自然を保全していくため、圏域内への低公害車の普及を進めます。また、低公害車を利用した観光の可能性を研究するためのシンポジウムや低公害車の試乗・展示を行います。

③ 建国記念ツーデーマーチの開催
自然や歴史・文化にふれながら、歩く喜びを感じ、交流と友情を深めるためウォークイベントを開きます。

④ 職員研修・人事交流
地方分権時代の職員に求められる政策立案能力を高めるための合同研修を行います。
すでに4月1日から新しい広域行政を担う人材を育てるため、相互の人事交流を行っています。

2 広域連携の強化

① 総合ポータルサイト（次ページ）の開設
圏域の観光・イベント情報を発信するホームページ「西遊季」を開設しました。民間情報や行政情報を含む西さがみのコミュニケーションページです。

② フィルムコミッション連絡協議会を設立
圏域の魅力や良好なイメージを発信するため、映画・テレビなどのロケに協力する組織「（仮称）西さがみフィルム・コミッション」を作ります。

③ 中国人観光客誘致事業
大幅な増加が予想される中国の対象に、新たなまちづくりを住民の方も一緒に議論していただくため、フォーラムを開きます。

3 新たな地域づくり研究と情報提供

① 広域連携と市町村合併に関する調査・研究
国・県の動きおよび、広域連携と市町村合併への議論のもとととなる情報をさまざまな方法で住民の皆さんに提供していきます。

② 広域連携フォーラムの開催
広域連携フォーラムを住民の方も一緒に議論していただくため、フォーラムを開きます。

③ 情報の提供
西さがみ連邦共和国が行う調査・研究の成果や、国・県の動きおよび、広域連携と市町村合併への議論のもとととなる情報をさまざまな方法で住民の皆さんに提供していきます。

協働化の方策を探ります。また、市町村合併に関する調査・研究を行います。

「西さがみ連邦共和国」の事業計画について(2)

第 5 章　西さがみ連邦共和国　173

あなたは00022461人目の訪問者です。
西遊季[さい・ゆう・き]
皆様に四季折々の西さがみ地区で周遊していただく目的でネーミングされました。
西さがみエリアは小田原市、箱根町、真鶴町、湯河原町です。

▶ 食べる
　お店,グルメ,お土産,弁当,ロコミ,総合
▶ 買う
　食べ物,お酒,インテリア・家具・日用品,家電,洋服・装飾品,エコ商品・リサイクル,パソコン関連グッズ,総合ショッピングモール,お店紹介
▶ 遊ぶ
　スポーツ,オークション,スクール＆サークル,割引,観光施設
▶ 観る
　博物館・映画館・神社,個人サイト情報,体験・入浴・ショッピング,観光スポット・イベント,ポータルサイト（総合案内）,地域マップ・ダイヤル案内,産業・地域活性化,その他
▶ 入浴する
　日帰り入浴施設,宿の外来入浴,エステ入浴,ペット入浴

▶ 泊まる
　全般,ホテル・旅館,ビジネス,民宿,ペンション,公共
▶ 乗る
　電車,バス,車,タクシー,船,レンタカー,裏道,駐車場,道路状況,アクセスマップ
▶ 学ぶ
　語学,自然,研究,地域,趣味,文学,暮らしの知恵,歴史
▶ 暮らし・生活
　総合,子育て,身障者,医療,教会・寺院,ペット,公共施設・学校,交通,冠婚葬祭
▶ 趣味・個人
　総合,スポーツ,文化・芸術,フリーマーケット,サークル,個人旅行記,情報交換
▶ ビジネス

▶ 西さがみ連邦共和国の新着情報等
2002.12.24
ライブカメラが増えました。
2002.12.11
年賀状素材ダウンロード
2002.08.12
西さがみ連邦共和国ホームページ

▶ もてなし掲示板
観光コース・お店紹介など、圏域内への気軽な質問にお答えいたします。

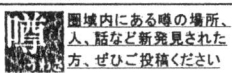

▶ ロコミ掲示板
圏域内にある噂の場所、人、話など新発見された方、ぜひご投稿ください

▶ 新着情報掲示板
圏域内の新着情報満載の掲示板です。

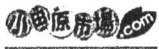

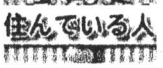

—利用規約—
—西遊季へのリンクについて—
この事業は、市町村振興宝くじ「サマージャンボ」の収益金から一部助成を得て実施するものです。

「西さがみ連邦共和国」のホームページ

第6章　少子・高齢化の進行と地方自治体

はじめに

　21世紀日本の最大の課題は、少子・高齢化の急激な進行にどう対応するかということである。このことは、年金制度や医療、介護などの社会福祉制度の関係で特に論議の的となっているが、地域社会全体の大きな問題でもある。少子化は、想像以上の早い進行で進み、平成19年（2007）をピークに、有史以来初めて日本の人口が、減少に転じると想定されている。日本の人口は、明治以降急激な人口増となり、約100年で倍増した。このことが、日本の経済成長の一因となってきた。これが、一転減少に変わるのである。これが、どのような結果になるかは、速断できないが、これまでのような経済成長を望むことは、できないであろう。その上、高齢化が進むため、人口構成が、ピラミッド型から逆ピラミッド型となり、高齢者層を支えることが難しくなることがはっきりしている。高齢化の進行は、税収の減少につながり、社会福祉対策費の増大への対応が厳しくなる。このように、今後の少子・高齢化に伴う問題点を概観しただけでも、問題の深刻さが浮き彫りにされる。これに加えて考えられる事態は、雇用などの関係から、大都市への人口集中が一層進み、反面地方の過疎化と高齢化が進行するということである。

　多くの地方自治体は、このことを承知していながら、すでに累積された借金と当面する財政難に対応するのが、精一杯で、10年後、20年後など遠い将来への対応など考えられないというのが、本音である。しかし、100年で倍増した人口が、今後100年で半減するという深刻な事態は、日本全体で真剣に取り組まなければ、日本の衰退につながる。地方自治体も、同じことである。

その典型的例が、平成17年（2005）に東京・秋葉原と茨城県つくば市を結ぶ「つくばエクスプレス」の需要見通しに表れた。平成3年（1991）の会社設立時の需要見通しは、開業5年で58万人であったが、平成8年（1996）に38万人、平成15年（2003）には、29万人と半減された。その理由は、少子高齢化と都心回帰で、沿線の人口増が見込めなくなったということであった。このように、少子高齢化と人口減少は、今後目に見えた形で進行して行く。年金が注目されているが、経済成長そのものに影響し、国民の生活全体に様々な影響を及ぼして行くことになる。

1　少子・高齢化の現状と今後

21世紀において人類は、これまで経験したことのない問題に直面している。環境汚染、景気低迷、地域紛争等、その解決には国際社会の協調なくしてはありえない課題である。しかしながら、その国際協調を進める上での基本単位である国家、地域社会の存亡がかかる問題が静かに進行している。

近年話題となっている「少子・高齢化問題」はまさに、国家、地域の自治運営を危うくする問題であり、顕在化するまでに時間がかかることから、緊急の課題とならず、無関心となりがちな課題であった。

そこで、本章では、進行中である少子・高齢化の現状を明らかにした上で、今後の姿を考察していくこととする。

（1）年齢3区分にみる日本の現状

人口構成をその年齢区分で分析することは、全体の高齢化を見るのに非常に分かりやすい手段の1つである。ここでは、一般的な年齢3区分を用いて日本の人口構成の推移を明らかにしてみた。

表からも明らかである通り、若年層の減少と高齢者割合の増加は顕著である。

このことから、「少子・高齢化」とは、65歳以上の高齢者が占める割合が上

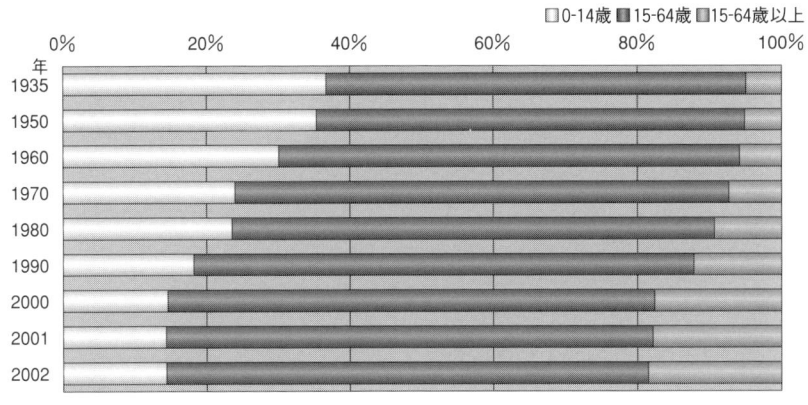

年齢3区分別　総人口に占める割合の推移（日本）

昇し、うまれてくる子供の数が減ることによっておこされる減少であることが現実のものであることが理解できる。

（2）少子化の国際比較

　前項に示した通り、日本の少子高齢化減少は明らかであるが、日本以外の各国と比較することで、より日本のおかれた少子化の現状を明らかにすべきである。

　次頁の表のとおり、総人口に占める15歳未満の子供の割合は、インドやインドネシアといった人口大国では3割以上、アメリカも2割以上であるのに、日本やイタリアは14％、大人6人に子供が1人と最低水準であり、まさに他国と比べ緊急の課題であることが伺える。

（3）高齢化の国際比較と予測

　少子・高齢化の進展は、合計特殊出生率により予測することができる。

　上述の通り、少子化はこの合計特殊出産率の低下を原因としており、先進各国の出生率の低下は顕著である。

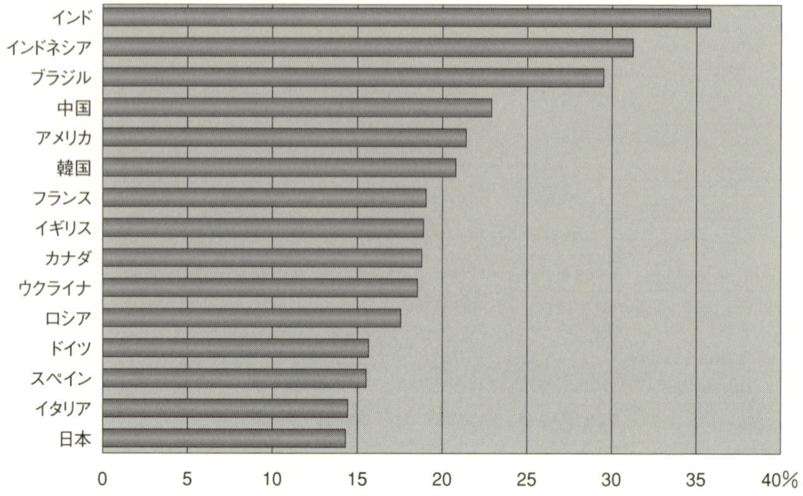
インド
インドネシア
ブラジル
中国
アメリカ
韓国
フランス
イギリス
カナダ
ウクライナ
ロシア
ドイツ
スペイン
イタリア
日本
0
5
10
15
20
25
30
35
40%
総人口に占める子供の割合　国際比較

アメリカを除く先進各国は2.0以下であり、イタリアに至っては1.1前後の現状である。従って、これら少子高齢化は、日本特有の現象ではなく、ある程度の経済成長を実現させた先進国における一般的な現象であるといえる。

（4）少子高齢化の今後

以上の現状データからも推測できるように、今後の未来像を描く上で、少子高齢化社会は確実に訪れ、また社会システムの根幹の変革をしなければ生き残れない事象である。

とりわけ、日本社会における「少子高齢化」の課題は以下の3点に集約できる。

・他の国々に比べ少子高齢化の速度が急激であること
・政策手段としての少子高齢化対策が有効な実績をあげていないこと
・地域社会、国家全体の問題であるにも関わらず、危機が顕在化していない為、ともすれば無関心となっていること

これらの課題は確かに重大な問題であり、少子高齢化社会は悲観的な予測を立てられがちである。

しかし、悲観論の根拠は、現在の人口拡大を前提としたシステムのまま少子高齢化社会に突入すればという仮定に基づく警告である。

警告には素直に耳を傾け、その対策を検討すべきであるが、少子高齢化社会が全て悲観論一色でもなさそうである。

資源消費の縮小化や居住空間の確保、老齢者を中心とした新たなビジネスモデルの構築等その逆境を利用できる可能性は充分に存在する。

少子高齢化の利点・欠点を再度考察し、現代社会の見直しに役立てば幸いである。

人口減少社会の利点と欠点

	利 点	欠 点
国際関係	・人口爆発回避への貢献 ・食糧・資源・エネルギー不足の緩和 ・地球環境悪化の改善 ・食糧安全保障の拡大 ・国際貿易摩擦の縮小 ・人口減少型社会の先例化	・見かけ上の弱体化・衰退化 ・国際的発言力の低下 ・防衛力の低下 ・途上国援助余力の低下
国内事情	・環境負荷の低減 ・過密国土・過密生活の解消 ・1人あたり社会資本の量的増加 ・教育の質的充実化 ・自給自立体制の向上 ・生活優先社会への転換 ・成熟型社会の実現	・購買力の減少 ・労働力の量的減少・質的低下 ・社会保障費用の負担増 ・少子化による青少年の弱体化 ・若者の減少による社会的活力低下 ・家族形態の縮小化・多様化 ・地域社会の弱体化

参考文献

「年齢3区分別　総人口推移」総務省統計局

「総人口に占める子供の割合」総務省統計局

「人口構成ピラミッド」国立社会保険・人口問題研究所

「凝縮社会をどう生きるか」古田隆彦著日本放送出版協会

2　少子・高齢化と地方財政

（1）はじめに

いよいよ少子・高齢化の時代が到来する。人口減少の影響による地方税収の減少、高齢化による地方税支出の増大が起こることは明白である。今、何が地方自治体に求められているのかを明らかにしながら地方税財政について考えることとする。

（2）少子・高齢化の影響

少子・高齢化による地方財政への影響は、人口構造の変化によってもたらされるものである。生産年齢人口である15歳から64歳までの人口は減少し、地方自治体への個人住民税等の減少が見込まれる。更に高齢者に関しては①老人医療②介護保険③福祉といった支出が考えられ、これらの高齢者関連サービスについては当該自治体のみならず、広域的な運営が求められるところもあり、地方圏での負担は増大するいっぽうである。

（3）地方自治体の方向性

こうして地方財政は厳しい状況になることが避けられないと推測される。行政としては受益者負担の原則により「公共サービスをどれだけの費用をかけて提供していくのか、そのサービスで誰がどれだけの利益を受けられるのか」をより明確にしていく必要がある。サービス提供の手段としてはコストパフォーマンスの面から見ても、NPOや民間企業への委託も考えられる。しかし介護・医療等の民間参入へは依然強い抵抗感がある場合が多いため、（高齢者の意識として「3人に1人が介護は家族にして欲しい」といった所もあり、高齢者の立場で考えても）基本的には地域の多様性を踏まえつつ地方自治体が主導で行うべきではないだろうか。地方自治体主導と言うことになると安定した税収の

確保が必要となってくる。先にも述べたが、生産年齢人口が減少するため、現行の税システムでは圧倒的な税財源不足に陥ってしまうのである。

(4) 労働力の確保 (少子化対策)

そこで、まず労働力人口を増やすこと（税負担者を増やすこと）を考える。少子化の原因の1つに女性の高学歴化に伴う社会進出による晩婚化が進んでいることが挙げられる。そこには結婚し、子どもができると社会復帰が難しいという現状がある。もしそういう人々が安心して出産し、社会復帰できるようなシステム（充実した託児所等）があればどうだろうか。おそらく多くの女性が社会に復帰し、税負担者となり得るはずである。更に、子どもを産むことへの負担が減れば、子どもの数も増えるのではないだろうか。その子どもは次世代の大切な税負担者である。

(5) 社会保障の充実 (高齢化対策)

加えて欧州並みの厚い社会保障の制度が必要となる。社会保障が充実するということは、それだけ国民の税負担も大きくなるということである。しかし、世界的に見て現在の日本の税負担は低く、福祉先進国であるスウェーデンやデンマークの付加価値税（消費税等）は25％と高いのに比べ日本は5％と低い税率に留まっている。

付加価値税率国際比較 (％)

国	税率	国	税率	国	税率
スウェーデン	25.0	チェコ	22.0	イギリス	17.50
デンマーク	25.0	ベルギー	21.0	中国	17.00
ハンガリー	25.0	アイルランド	20.0	ドイツ	16.00
アイスランド	24.5	オーストリア	20.0	韓国	10.00
ノルウェー	24.0	イタリア	20.0	インドネシア	10.00
スロバキア	23.0	フランス	19.6	スイス	7.00
フィンランド	22.0	オランダ	19.0	日本	5.00
ポーランド	22.0	ギリシア	18.0	シンガポール	3.00

（上記以外　カナダ：国税5％+州税　アメリカ：ニューヨーク市税8.25％）　2001年1月現在

更に所得税（住民税含む）に関しても国民所得と比べた負担率は6.8％でありアメリカの14.2％、イギリスの13.9％の半分にも満たない数値となっていることが分かる。

所得税の国際比較

	日	米	英	独	仏
課税最低限（万円）	384.2	315.3	137.8	383.3	298.1
最低税率（％）	10	10	10	20	7.5
最高税率（％）	37	38.6	40	48.5	52.75
段階数	4	6	3	方程式	6
地方税込み：国民所得比　負担率（％）	6.8	14.2	13.9	12.8	11.2

資料：税制調査会14.4.2資料　負担率：日、2002米、1998その他、1999

これらのことから1つの結論が見いだせる。それは日本が低福祉・低負担国家であるということである。GDP比で比較すると社会保障の負担（GDP比）も欧州各国の半分程度となっている。つまり、社会保障の充実の分は欧州並みの税負担をしても良いのではないかということである。人は高価な物もそれだけの価値があると判断したからこそ無理をしてでも購入する。同じ原理で、これだけの保障が受けられるのであれば、税負担しようと思うような社会保障を確立していかねばならない。

福祉・租税のGDP比負担率　　　　　　　　　　　（％）

	日	独	仏
社会保障負担GDP比	10.2	18.9	18.4
租税負担GDP比	16.4	22.9	29.3
合計国民負担GDP比	26.6	41.8	47.7

資料　OECD Nationl Account 2002

（6）おわりに

権丈善一氏も著書「社会保障問題研究の問題設定と少子・高齢化」の中で、実質GDP成長率1％を確保するならば、高齢化の進行に伴う負担をしつつ、生活水準を向上させていくことが可能であると述べている。地方自治体も先に

挙げた課題を克服していけば充分、（実質GDP成長率1％も含めて）この少子・高齢化社会を乗り越えられると確信している。

参考文献
「高齢社会と地方財政」　湯浅利夫
「高齢化と地方財政の課題」　高山憲之
「地方財政」2002年9月号より　「人口構造変化と地方財政」　星野菜穂子
「租税政策論」　講義レジュメ　寺村信行

3　三重県における少子・高齢化社会への政策的課題

はじめに

　人口の減少や少子高齢化の急速な進行は、一般的には地域社会の活力を減衰させるものであり、特に中山間地域においては、産業構造の変化にともなう第一次産業の衰退とあいまって、地域社会の基盤そのものの存在すら、脅かすものである。

　今後県内における、少子高齢化にともなうさまざまな影響・課題は次のとおりである。

（1）家庭生活

（家庭における子育て）

　子育ては従来、専ら家庭が担っていた機能であるが、核家族化の進行や先に見たような家族形態の変化により、家庭における子育て機能は低下してきている。

　夫婦が共働きであっても、親・子・孫の三世代が同居する世帯では、家庭内で子育ての支援（祖父母が孫の面倒を見る）が得られやすい。一方、核家族世帯では女性の社会参画が進む中で、保育所の整備等の社会的な子育て支援が重

(2) 子ども
（子どものいる世帯）

乳幼児のいる世帯や小学生のいる世帯は平成10年（1998）現在、各々5世帯に1世帯の割合となっている。つまり、地区ごとの世帯構成の偏在がないと仮定したとき、隣近所（10軒とする）の中で乳幼児や小学生のいる世帯は2軒ずつあることになり、交流や、協力を行いうる状況が成立する。

しかし、平成37年（2025）には、乳幼児や小学生のいる世帯は1軒ずつとなり、隣近所で同世代の子どもを持つ親同士が、子育てに関する情報を共有することが難しくなる。

(3) 高齢者
（地域における高齢者の活動）

高齢者の生涯学習活動や社会参加への活動は活発化してきている。現在、年齢が高いほど老人クラブの参加率が高く、逆に、町内会・自治会、婦人団体の参加率が低い傾向がみられる。

このように高齢者の年齢に応じて社会参加の行動パターンは異なっている。またその活動の多くは趣味、余暇の範囲内であり、社会的信頼度も低いのが現状である。

(4) 地域社会
（後期高齢者の増加）

75歳以上の高齢者である後期高齢者は地域生活を送る上で、周囲の支援を必要とする状況が生じやすいにも関わらず、過疎地域において後期高齢者1人に対する生産年齢人口が少ない傾向にある。後期高齢者の増加と生産年齢人口の減少は、今後地域活動を停滞させるおそれがある。

(5) 教育・保育

(幼稚園・保育所)

　施設運営(経営)の観点から、1施設あたりの利用児数を一定と仮定した場合、平成37年(2025)には多くの市町村において、平成10年(1998)の施設数の3分の2程度になると予測される。

　ただし、この場合には対象エリア面積が1.5倍に拡大するため、通園バスの送迎時間が伸びるなど、サービスの低下が生じるおそれがある。

(小中学校)

　1校あたりの児童・生徒数を一定と仮定した場合、平成37年(2025)には小学校・中学校とも学校数は平成10年(1998)の学校数の6～7割程度になるまで減少すると予測される。

　ただし、小中学校についても幼稚園・保育所と同様、大幅な通学エリアの拡大は児童・生徒の利便性にマイナス要因にはなるが、通常、学校として教育システムを維持するには、一定の学校規模を要することから、1校あたりの児童・生徒数が少ない地域の学校から統廃合が進むものと考えられる。また、児童・生徒数が減少することで、学級数は減少が予測されるが、少人数教育を行うために1学級あたりの人員を少なくした場合、学級数の減少幅は少なくなるか、逆に学級数は増加する。仮に、平成37年(2025)に20人学級となった場合は、本県の学級数は小学校4,600学級、中学校2,318学級であり、平成10年(1998)時点と同規模になると予測される。

(6) 産業構造

(産業別就業者数)

　本県の就業者数が平成37年(2025)にかけて全体で93%に減少すると仮定した場合、その産業別の内訳を見ると、第1次産業就業者数は平成37年(2025)にかけて3分の1以下になり、大幅な減少が予測される。

また、第2次産業就業者数の減少も10万人以上と大きい。この結果は、これまでの傾向が続くとした場合の趨勢型の推計によるものであり、実際には就業機会の創出等により、減少は緩和されると考えられるが、地域経済に与える影響は少なくないものと予測される。

(産業構造)
地域の生産構造は需要構造の変化の影響を受けるとともに、需要構造は少子高齢化による人口や世帯構造の変化の影響を受ける。そのため、本県の今後の産業構造を検討するにあたり、家計消費の変化が生産量に与える影響を推計した。その結果、医療・保健・社会保障は高齢化の進行、運輸は旅行や社会活動の活発化、通信・放送は情報化の進展などを背景に、高い増加率となっている。

また、今後は、製造業とサービス業の一体化や統合を軸とした産業や、高齢者の生活ニーズを満たす産業、映画・音楽、ファッション、レジャーといった教養娯楽を対象とした産業の市場の成長が予測される。

(7) 消費構造
(消費動向の変化)
家事の時間節約型に関連する消費品目としては、調理食品の支出額の伸びが予測される。また、時間消費型の品目として、外国パック旅行や他の教養娯楽サービスの支出額の伸びが予測される。今後、少子高齢化により世帯構造が変化し、特に旅行等時間消費型の消費動向が活発化すると考えられる。

(8) 雇用・労働
(就業率)
本県の就業者数は、今後平成17年(2005)までは増加するが、その後は人口の高齢化に伴い、人口動向よりも低下傾向で推移すると予測される。男性は平成35年(2025)にかけて5.5ポイント、女性は2.3ポイント低下しており、特に

男性の就業率の低下が目立つことから、就業率の低下が地域経済に、大きな影響を与えることが懸念される。

（就業者数）
　少子化が進行する中で、就業者に占める若年層の低下が懸念される。本県の就業者総数は平成17年（2005）をピークに減少に転じるが、その中の若年層（15～39歳）は、今後平成37年（2025）にかけて約10万人もの減少が予測される。産業構造の急激な変化や新技術への柔軟な対応などを行いやすいと考えられる若年層の就業者数が減少することで、新たな成長分野にスムーズに移行する際の障害になるおそれもある。

（9）社会資本整備
（社会資本の効率性）
　県内の多くの市町村においてスプロール化が進み、人口集中地区の人口密度は、低下傾向にある。また、人口が減少局面を迎えている市町村では市町村全体の人口密度も低下傾向にある。
　このように、人口減少が進むと、社会資本の効率性が低下する可能性がある。

（住宅）
　平成32年（2020）をピークに世帯数が減少することで、必要な住宅ストックも減少すると考えられる。また、世帯構造の変化により、住宅形態別の需要も変化することが予測される。
　今後平成37年（2025）にかけて子どもなし核家族世帯や単独世帯が2倍に増加する一方、子どもあり核家族世帯（いわゆるファミリー世帯）や三世代世帯が減少する。そのため、平成37年（2025）にかけて世帯数全体が増加するにも関わらず、一戸建の必要世帯数はほぼ変化がなく、逆に共同住宅は2倍近く必要になると予測される。

(10) 行政サービス

(サービスコスト)

　少子高齢化が進むにつれて、行政サービス需要の中でも特に高齢者へのサービス需要の拡大が見込まれるので、高齢者1人あたりの老人福祉費の推計を通じて、今後の高齢者サービスの効率性について検討した。推計によれば、主に過疎地域において、高齢者1人あたりの老人福祉費が高くなっている。

　このことは、過疎化の進んだ地域では、高齢者1人あたりのサービスコストが増加する可能性があることを示唆している。また、逆に1人あたりのサービスコストを一定に抑えようとすれば、サービスの低下を招くおそれがある。なお、他の大部分の住民サービスも一般に対人サービスが多いため、高齢者福祉サービスに限らず行政サービス全般において、人口減少地域では、サービスコストの上昇、若しくは財政上のコスト上昇を補えない場合、サービスの質の低下をもたらすおそれがある。

(行政の効率性)

　人口減少が予測される地域においては、社会資本整備や行政サービスの提供の効率性が低下するおそれがある。歳出総額及び一般行政職員数は、現在の交付税制度を前提にすると市町村人口や市町村面積との相関が見られることから、将来の人口と現状の面積を用いて、将来の歳出総額及び一般行政職員数を推計すると、人口規模の小さい地域で増加幅が大きくなると予測される。

(歳出)

　歳出の動向を把握するため、老人福祉費を推計すると、平成32年(2020)には、平成10年(1998)の水準の1.5倍程度に増加することが予測される。したがって高齢者に関する支出の増大が見込まれ、税収の伸び悩み若しくは低下とあいまって、財政収支の悪化をもたらすことが懸念される。

おわりに

　少子高齢化の問題については、そもそもそのこと自体なぜ問題になるのか、ということから考え始めなければならない。確かに地球上の人口は増加の一途をたどっており、かつては国内においても大都市部における人口の過密は、著しいものがあったがそれが低下することにより、住みやすくなるのではないか、また公害や産業廃棄物、ゴミ問題も人口減少により改善されるのではないかという見方も一部にはある。

　しかし問題は人口規模の大小ではなくて、少子高齢化の過程で引き起こされるさまざまな弊害、歪みではないだろうか。多様な価値観に基づく生き方が可能となる、たとえば、子供を持つ、子育てをするという生き方が必ずしも不利にならないような政策を打ち出すことが社会にとって望ましいものといえるのではないだろうか。

参考文献

「わが国とドイツにおける出生率の動向と政策的対応—地域における子育て支援—」
小川加奈子　2002年
「市町村合併の政策的課題—松坂市を中心に—」(「松阪大学地域社会研究所報」13号)
阪上順夫　2003年
「少子高齢社会基礎調査報告書—平成13年3月—（概要版）」　三重県

4　少子・高齢化・人口減少に対する地域の活性化策

(1) 少子化に対する地域の活性化策

　以前は出生率低下の主な要因は晩婚化の進行等による未婚率の上昇であると考えられ、その背景には、仕事と子育ての両立による負担感の増大や、子育てそのものの労力的、経済的負担感の増大があるとするのが一般的な少子化問題の見方とされていた。そこで近年子育て支援に対する対策に重きが置かれるこ

とがスタンダードになっていたのであるが、実際のところその現状には疑問を感じる。子育てに対する負担と言うのは何であるのか。それさえ解決できれば状況は好転するのか。事態はそう簡単では無いはずである。

　現在では前述のように少子化の主たる要因であった晩婚化に加え、夫婦の出生力そのものの低下という新しい現象が見られるようになり、現状のままでは、少子化は今後一層進展すると予測されるようになった。急速な少子化の進行は、今後、社会保障をはじめとして、これからの社会経済全体に今まで予測した以上に急速な構造的変化をもたらしていくことが予想され、従来の取り組みに加え、もう一段の少子化対策「少子化対策プラスワン」を講じていく必要があると厚生労働省も発表している。

　さて、今までの話が少子化問題の基礎となるものなのであるが、現在新たに問題視されている夫婦の出生力の低下は国レベルでの話であるだろう。最近で言う環境ホルモンや不妊症などという話題をよく耳にするが、実際のところ一般的な少子化対策というのは地域レベルでは難しい問題なのではないだろうか。実際のところ先述の少子化対策プラスワンに述べられている今後の推進方策でも、国レベルでは「少子化対策の具体的検討を行うために「少子化対策推進補運部」を厚生労働省に設置する。」、「少子化対策をもう一段推進し、対策の基本的な枠組みや、特に「働き方の見直し」等直ちに着手すべき措置を視野に入れて検討を行い、年末までに結論を得る。」が挙がっている。地域レベルでは「地方公共団体における行動計画の策定など」を挙げるにとどまっている。これを見る限りでは今後の対策に具体性があまり見いだせない。現状では手詰まりの感が伺える。

　では現状はどうなのであろうか。現在少子化問題プラスワンに掲げられている「地域の様々な子育て支援サービスの推進とネットワークづくりの導入」の項目は次のようである。「専業主婦家庭やひとり親家庭を含めたすべての子育て家庭のために、地域の子育て情報の発信などネットワーク化を推進するとともに、多様な子育て支援サービスを充実する。」として、以下のことが掲げら

れている。
　① 地域における様々な子育て支援サービスを推進する。
　　　・保育所など身近な場での一時預かりサービス
　　　・子育て中の親が集まって相談や情報交換ができる「つどいの場」作り
　　　・地域の高齢者やNPOによる多様な子育て支援サービスの充実
　　　・幼稚園における園庭・園舎の開放、子育て相談、未就園児の親子登園等の推進
　　　・子育て交流、世代間交流の場として余裕教室等の活用を推進
　② 地域における子育て支援のネットワークづくりを導入する。
　　（ア）子育て経験のある方等を子育て相談や子育てサークルの支援を行う「子育てサポーター」として活用
　　（イ）子育て支援サービス情報を提供する子育てマップの作成・配布など
　　（ウ）地域における多様な子育て支援サービス情報を一元的に把握する「子育て支援相談員」による子育て支援情報の発信
　　（エ）子どもと子育て支援サービスを結びつける「子育て支援委員会」の小学校区単位での設置

　これを読む限りでの地方で行われる少子化対策と言うものは、子育て支援が基幹になっている。

　子育て支援中心の活性化策は少し古いと冒頭で述べたのであるが、実際のところ地域レベルに浸透してくるまでにそれなりの時間を要したと見るのが正解であろう。これらのシステムが地域内で有効に機能していると言うことを一般生活で耳にしないことからも、これらの対策が地域に浸透して知られているのかと言うことが問題である。結婚して出産する時にこういうシステムがあるのを知っていればよいというのでは効果は期待できない。結婚する以前の独身の若者を中心に認知されるべき事で、結婚後の子育てに負荷を軽減できる実情をしっかり把握してまずは結婚に踏み切ってもらうのが先決であろう。子供を設けるのはその後のことなので、第一のステップが肝心であるだろう。社会に出

てからこういう知識を得るのには環境による個人差が生じやすいので、できれば学校教育の場で少子化問題を扱い、その際に各地域での少子化対策のサポート体制をある程度認知させておくべきではないだろうか。

（2）高齢化に対する地域の活性化策

　高齢化が声高に叫ばれる現在において、それに伴う様々な問題点も浮き彫りになってきている。地域社会は、住民に最も密着した基礎的な地方公共団体として、住民のニーズを最も把握し得る立場にあり、地域の社会資源を最大限に活用しながら、地域住民の参加と協力のもとに、各々の地域特性に応じたきめ細かな施策を推進することが望まれる。また、近隣地域間で役割分担や施設・機能の共同利用を図るなど地域間の連携を強化し、行政の広域化を進める必要がある。高齢化の進展や過疎・過密への対応には、地域の地域経営、行財政運営の基本に関わる重大な課題である。高齢者に関する保健・福祉対策について、総合的な計画の策定から事業の実施まで地域を主体とし、一元的なサービスの提供をめざす方向が国において検討されるなど、これからも地域の役割はいっそう重要性を増していくものと考えられる。また、地域は、市場を通じて提供されるサービスと公的に確保すべきサービスとの調整を図り、市場経済では十分に供給し得ない財・サービスの提供という公的部門の基本的な役割を果たす必要がある。

　高齢化問題は昔から考えられてきたため、現在ではある程度の対策が出揃っていると思われる。ユニバーサルデザインによるまちづくり、地域の高齢化社会を支える保健福祉施設整備、共生社会を支える市民活動支援のための施設整備、公立看護大学・短期大学整備などである。これによって高齢化社会に対応する基盤を整備してゆくのがこれから加速する高齢化社会において必要なのだろう。

　このように行政の役割は、個人や企業、民間団体等の活動が活発に発展されるよう、高齢社会の基盤を整備することにあり、そのため住民の総合的な福祉

の向上をめざし、高齢化対策を総合的・一体的に推進していくことが、とりわけ、これからの高齢化社会においてふさわしい社会システムの構築について、基本的なアウトラインを示し、住民の合意を得るとともに、システムの重層的な形成に配慮しながら、実現に向けての取りくみを進める必要がある。また、公民の役割分担の明確化、民間活力の活用、行財政の効率的な運営・執行体制の整備を進めるとともに、国・地域の役割分担と相互の連携を図っていく必要がある。

(3) 総合的に見て

　これらのことを総合的に検討してみると、高齢化に対する活性化対策というのはかなり資金を要する。この資金的な問題が少子化にさらなる加速を与えていると思われる。少子化の部分で言われていることは、不況下においての経済的懸念から複数の子供を設けることをためらう傾向にあるようだが、実際には子供だけでなく高齢化によって養わなくてはならない老人を家庭に抱えるという事が大きいのではないだろうか。少子化問題ではひたすら子育て支援がうたわれていたのだが、介護支援も同じ範疇で考えていかないといけないのである。子育てと在宅介護の両立は想像以上に大変であろうし、金銭的負担も計り知れない。しかも仕事をしながらそれらをこなすことは限りなく困難であり、そうと言って専業としてこなすと収入が減少するために、ベストとなる方法は簡単に見いだせないのである。

　また高齢者の医療保険による財政圧迫がかなり大きく、末期医療に掛かる莫大な費用は社会悪とさえ言われているのが現状である。その財政圧迫によってシステム整備が遅れ、それによる住民負担が増える。そして少子化に拍車が掛かり、人口減少が加速する。そして経済が縮小し、税収入が減少することによって、さらに財政が切迫するので悪循環が繰り返される。デフレスパイラルならぬ人口減少スパイラルに陥っているのではないかと思う。真の意味で活性化を達成するにはこの流れを断ち切らないといけない。そしてこれから団塊の世

代が高齢化の加速を促し平成32年（2020）ごろにはピークに達して居るであろう。現在システムに投資することが主な活性化策として行われているのであろうが、その時団塊世代が過半数を占める後期高齢者群が、疾病や障害があってもできる限り自立し、社会とのつながりを保ちながら生活することができるような総合的な地域福祉サービスのシステムの拡充等、これまで構築してきたシステムを相互に連携させながら機能を発揮させることが必要であるが、そのために財政的破綻をきたしてはどうしようもないのである。この先その団塊の世代が死亡して高齢化人口が一時的に縮小するまでは様々な状況で耐えるべきであろう。活性化は長期的に見てゆっくりと確実に行っていくべきで、焦ってやってはいけないのだと思う。確かに、システム整備の遅れによる不平不満は出てくるであろうが、そこは痛みに耐えて将来の準備を着実に進めるべきである。

5　新松阪市の将来像と課題

　いま、国と都道府県によって市町村合併が強力に推し進められようとしており「平成の大合併」と呼ばれている。松阪地方においても、松阪市、嬉野町、三雲町、飯南町、飯高町の1市4町（以下「1市4町」という。）によって平成15年（2003）4月に法定協議会が設置され、平成17年（2005）1月1日の合併に向けて協議が進められている。

　市町村合併の必要性としてあげられているものの1つとして「少子高齢社会への対応」がある。そこで少子・高齢化の観点から、合併後の新松阪市の将来像と課題を考えることとする。

（1）少子高齢社会と市町村合併

　では、少子高齢社会に対応するために、なぜ市町村合併が必要なのだろうか。三重県のホームページ「みんなで考えよう　市町村合併」によれば、人口規模の小さい山間地域において人口の減少や高齢化が急速に進行しており、厳しい財政状況の下で、増大する医療費や福祉ニーズに対応するには、これまでの市町村単位では必要なサービスの継続的な提供が困難になる、というのがその理由としてあげられている。

（2）1市4町における人口減少、少子・高齢化の状況と今後

　これまで松阪地方での総人口は増加傾向で推移してきたが、近年その増加率は低下してきている。1市4町全体で考えてみると平成17年（2005）前後をピークに減少に向かい、平成17年の約16万5千人から平成42年（2030）には約14万9千人まで減少することが予測されている。このように新松阪市の人口は日本全体の人口と同じように、まもなく人口減少時代に突入するといえる。

　また、高齢化の傾向もさらに進展し、老年人口比率は平成12年（2000）の20.3％から平成42年（2030）には28.5％にまで増加すると推計されている。

　森林面積が多くを占める飯南町、飯高町では特に人口減少、少子・高齢化の進行が激しい。飯南町、飯高町においては平成7年（1995）から平成12年までの5年間で、総人口がそれぞれ5.3％、6.1％減少するなどすでに減少傾向にあり、平成42年にはさらに過疎化が進行し、平成12年の総人口の2分の1近くまで減少すると見込まれている。また、老年人口比率も平成12年で30％を超えており、平成42年には47％に達すると予測されている。

（3）少子・高齢化と新松阪市の財政

　まず歳入面では、生産年齢人口の減少に伴い個人住民税をはじめ各種の税収の減少が予想される。歳出面では高齢者の増加により保険・医療・福祉等に対するニーズが増加・多様化し、医療、福祉など高齢者福祉関係経費の増大が予

新松阪市の将来人口推計（1市4町の合計）

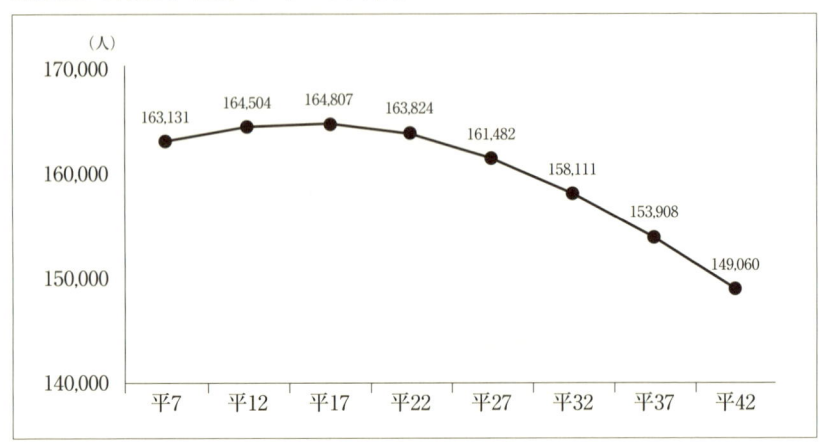

年	人口
平7	163,131
平12	164,504
平17	164,807
平22	163,824
平27	161,482
平32	158,111
平37	153,908
平42	149,060

（財）日本統計協会「市町村の将来人口　2000年～2030年」より作成

新松阪市の年齢3区分別人口比率の将来推計（1市4町の合計）

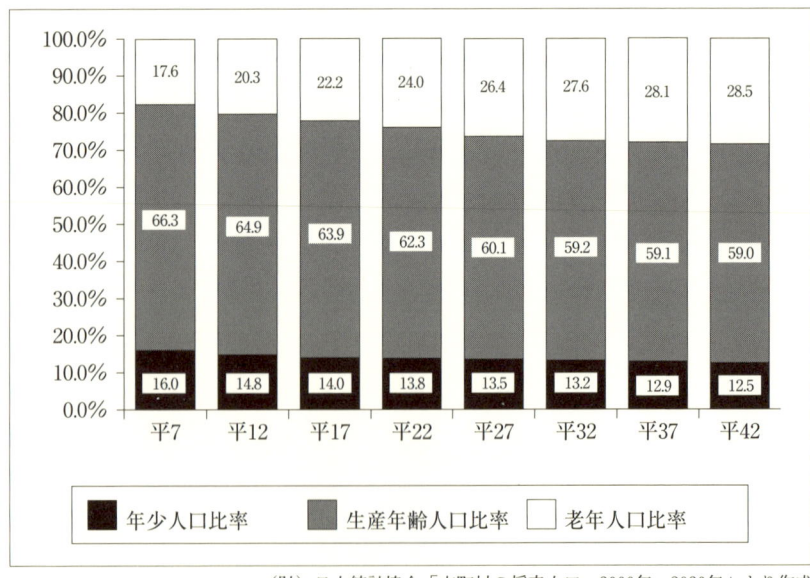

年	年少人口比率	生産年齢人口比率	老年人口比率
平7	16.0	66.3	17.6
平12	14.8	64.9	20.3
平17	14.0	63.9	22.2
平22	13.8	62.3	24.0
平27	13.5	60.1	26.4
平32	13.2	59.2	27.6
平37	12.9	59.1	28.1
平42	12.5	59.0	28.5

（財）日本統計協会「市町村の将来人口　2000年～2030年」より作成

想されることから、さらに財政状況が厳しくなっていくと考えられる。市町村合併に伴う合併特例債措置・地方交付税の合併算定替特例による政府の財政支援措置とともに、地方自治体の行財政の合理化・効率化によってこの状況に対応しようとしているのが現状である。

市町村合併した場合に政府の財政支援措置をフルに使うとすれば、新松阪市の財政は数年間は改善されると考えられる。しかし、その間に行財政の合理化・効率化や地域活性化が図れなければ、地方交付税の減額が始まる10年後以降は厳しいものになることが予想される。

（4）合併による地域格差と少子・高齢化

合併した場合に行財政の合理化・効率化を追求すると、新市による投資が人口の多い地域に重点的に行われる可能性がある。そうなれば現在の松阪市中心部に市役所をはじめ、新市の文化・教育教養施設等が集中することが考えられ地域格差はますます顕著になる。

周辺部とくに飯南町、飯高町方面からは、新市の中心部までかなりの距離になる。またこれらの地域では（2）で述べたように老年人口比率が高く、高齢者単身世帯と高齢者夫婦世帯の割合も高い。公共交通機関等の交通手段の整備も不十分であるため、自家用車を持たない高齢者にとって行政サービスを受けるには不便になることが予想される。

このように中心部への一極集中が進めば地域格差は広がり、中心部から離れた地域が衰退することになるため、これらの地域では少子・高齢化、人口減少の進行がますます加速する可能性がある。

（5）新松阪市における少子・高齢化に関する対策

次に新松阪市における少子・高齢化対策はどのようになっていくのかを考える。合併協議会の協議では概ね次のようになっているようである。

まず高齢化対策については、それぞれの自治体がこれまで独自に行ってきた

高齢者福祉関係の事業はいずれかの自治体の方法に調整するか又は基本的に合併時に廃止し、新市において新たな福祉施策を検討することになっているが、結果的にサービスの低下・切り捨てや住民の負担増加につながらないか心配である。

次に、少子化対策についても高齢化対策と同じように、基本的にこれまでの自治体独自の対策はいずれかの自治体の方法に調整するか廃止の方向で協議が進んでいる。例えば、現在松阪市で実施されている児童手当少子化対策給付事業、飯南町及び飯高町で実施されている父子手当給付事業は廃止の方向で調整し、国の制度による児童扶養手当の拡充を待つとしており、新松阪市としての少子化対策に対する積極性はあまり感じられない。

おわりに──少子・高齢化の進行でこれからどうなるか──

少子・高齢化の急激な進行とそれに伴う人口減少が、21世紀日本の最大の課題である
ことは、これまで指摘してきた通りである。これについて、悲観論も多いが、生活に余裕ができ、メリットも多いという楽観論もある。これらを院生と、KJ法によって分析してみた。

（1）問題点と悲観論
◎財政・行政サービス
・生産年齢人口の減少に伴う自治体の税収減少とともに、高齢化の進行による高齢者福祉関係の経費の増大や行政サービスコストの上昇が予想され、これにより自治体の財政は悪化すると考えられる。また、介護保険などの制度が、破綻する恐れがある。
・今後、財政が悪化することにより、行政サービスの低下や、住民に対して増税などにより、負担の増加を求められる可能性がある。

◎労働力
・少子高齢化・人口減少により、労働力（特に生産年齢人口）が減少し、地域活動が停滞し、また、教育・保育関連の雇用が低下することによって地方の失業率も上がってくるであろう。その一方で、高齢者の増加により、介護サービスの需要の拡大が見込まれるので、介護分野での人材不足が生じると予想される。

◎過疎・家庭生活・経済活動
・少子高齢化、人口減少により、中山間地域における過疎化が進行すると同時に、地方都市における大都市への人口集中に伴い、人口が減少する。このことは、地域の商店の減少（シャッター通り）をもたらし、郊外店への集中により、車なしでの生活が難しくなるとともに、中心部のスプロール化現象を引き起こすことになる。さらに、地域間の格差が拡大しスプロール化現象による空き家の増加は、治安の悪化をもたらす一因となるであろう。
・一方、家庭生活においては、ライフスタイルの変化（共働きなど）により、子育て機能が低下する傾向にある。そうした中、子供1人にかかる費用について見れば、むしろ増加傾向にあり、そのことが、家計の圧迫につながっているといえよう。また、老人をターゲットにした犯罪の増加も見逃せないであろう。
・最後に経済活動に与える影響については、社会の活力の低下および経済活動そのものの縮小があげられるのではないだろうか。

（2）楽観論とメリット

　少子・高齢化、人口減少社会を想定した時に、これまでが人口増大を前提とした社会システムであったため、とかく悲観論が大勢を占めているのが現状である。しかし、社会構造の変革期においては、常に既存システムの弊害は避けられないものであり、新システムへの期待を考察すべきである。今回、当問題における楽観論・メリットの分析を行うが、対象が広範囲にわたるため、「生

活分野」を中心としたメリットの考察と、「ビジネス分野」を中心とした、企業社会から見たビジネスチャンスの抽出を行うこととした。なお、両分野にまたがる分野である教育分野等は、個人の視点、企業の視点双方より分析を試みた。

(生活分野)

　少子高齢化、人口減少社会において、生活分野のカテゴリーである、「衣」「食」「住」の項目から分析を行うこととする。
- ・「衣」―少子化による子供服市場のブランド化が予想される。これは新たなビジネスチャンスである。
- ・「食」―これまで叫ばれてきた人口増による食料危機問題は、需要者側である人口の減少により、大きく緩和することが予想される。
- ・「住」―人口増による都市の過密化と、住宅不足問題は、地価の下落等により、広い居住スペースで文化的な生活を送ることが可能となる。

　さらに、生活と密接に関わっている環境においても、これまでの大量生産・大量消費社会ではなく、少ない人口で完結できるリサイクル社会の実現も可能となる。総じて、生活分野においては、その人口減少社会は、需要者側の減少という観点から、資源の有効活用が可能となる明るい社会が想定される。

(ビジネス分野)
- ・高齢者雇用
　　企業(事業所)が、高齢者の定年制度を延長し、積極的な雇用を推進することにより、従来働く意欲があっても、仕事に従事することのできなかった労働力を確保することになり、生産力を増大することができる。
- ・女性雇用
　　労働人口の減少により、必然的に女性の社会進出が促進され、従来とは異なった労働力が確保出来るため、生産力の増大が期待できる。

・新興産業

　人口構造の変化に伴い、従来のものとは異なった様々な形態の産業またはビジネスが誕生するため、市場が活性化されることになる。

・従来産業

　高齢化に伴い、介護産業、福祉産業がさらに発展し、それらに従事する労働力（高齢者などによる）も確保できる。

　以上のことから、少子高齢化、人口減少により地方都市は、高齢者および女性という従来なかった労働力を確保することができ、また人口構成の変化に伴う産業の発展により、結果的に1人当たりの所得および個人の持ち分（財産）は増加することになる。

（生活分野とビジネス分野共通）

・教育

　少子化の影響により、大学入試の競争率が下がり、自分の望む大学に入学しやすくなる。一方では、生徒数減少により、教師が1人1人の子どもに十分な指導を行えるというメリットもある。これらにより、画一的な競争社会からの脱却にともない柔軟な考えのできる有能な人材が育成され、これからのビジネスを発展させる原動力となる。

・通勤

　労働力人口の減少により通勤・通学のラッシュから解放される。これは、単純に人が減ったからだけでなく、近場での勤務・進学が容易になるという理由もある。また、生活・ビジネスともに通勤・通学に対する支出や時間が減少し、効果的になるであろう。

　結果として、これまでの生き急ぐような競争社会から解放され、全体的にゆとりある社会へとシフトしていくであろう。それにともない、ライフスタイルも変化し、ストレスも減少し、通勤・通学や学習時間の減少から趣味等にさける時間も増やせ、生きがいを見つけることができるようにな

る。それにともなって、高齢化社会も豊かなものになっていくであろう。

（3）地域活性化の対策・アイディア

◎少子化対策をどうするか。
・子育て支援システムを確立して、子育ての負担を減少させる。
・若年層への少子高齢化問題の認知を広げ、当事者意識を持たせ、結婚の推進を行い、子供を生むようにする。
・子持ち世帯への税制、補助金等の優遇措置を行い、金銭的負担を減少させる。

◎労働力不足をどうするか。
・移民の受け入れや外国人労働者の受け入れ、女性の登用を増やし、労働力不足を解消する

◎過疎化対策をどうするか。
・農業への株式会社参入等によって、過疎地の産業である農林水産業の振興を図る。
・各種補助金で現状を維持する。
・意識改革（均衡ある国土発展という考えを捨てる）を行い、地味な生活に慣れる。
・農業への回帰
・住民の過疎地域からの移住を行う。それによって、市街地の人口密度が適度に上がり、効率的な行政が可能になる。

◎高齢者の雇用をどうするか。
・高齢者に可能な仕事イコール簡単な作業ではなく、IT産業を含め能力を最大限発揮できるようなシステムの構築、新しい産業の創出など。

◎介護問題をどうするか。
・今後必要不可欠になることが確実な問題であり、行政だけでなく、民間企業による福祉・医療システムの見直しが必要である。

◎市町村合併問題をどうするか。

・市町村合併で行政の合理化により、充実した福祉システムが充実されると期待される。しかし、細やかな気配り等が排除される可能性もあり、行政への期待は大きいと言える。

◎地域の活性化をどうするか。

・雇用の確保は、住民・行政にも多大な影響を与える。地元企業および誘致企業の発展が、そのまま地域の発展につながるはずである。

◎高齢者のためのまちづくりをどうするか。

・バリアフリー、ユニバーサルデザインによるまちづくりが、必要である。弱者の視点に立った行政が行えるのか、NPOとの協働も含め、活躍が望まれる。

◎まとめ

　地域の活性化と簡単に言うが、幅広い問題ばかりであり、さらにそれぞれの問題が複雑に関連しているため、「これぞ」という活性化の方法はないといっても過言ではないほどである。よって、小さな個々の問題を1つづつ確実に解決して行くのが結果的に最大の地域活性化対策となるであろう。

　付記
　本論文は、松阪大学大学院の「政策過程論」(阪上順夫担当)の授業で、受講院生全員と取り組んだものである。最終的に、論文の各章を分担執筆した。「はじめに」「終わりに」－阪上順夫、1－岡本武、2－稲垣智洋、3－緒方一隆、4－池山和樹、5－小林正明

付（参考資料）

Ⅰ その後の「松阪まちづくりセンター」
　　　（「まちの駅松阪―寸庵」）
Ⅱ 歴史と文化、そして松阪牛
　　　（三重県松阪市）
Ⅲ 小田原評定衆について

I その後の「松阪まちづくりセンター」
(「まちの駅松阪―寸庵」)

　松阪大学大学院の「政策過程論」の「松阪市と小田原市の比較研究」が契機となって、「松阪まちづくりセンター」の設立に発展した。(第1章参照) 同センターの直接の事業は、空き家になっていた片桐家の建物を活用して、「まちの駅」を運営しようということであったが、幅広くまちづくりに取り組むために、「松阪まちづくりセンター」を運営母体として立ち上げ、その事業の1つとして、「まちの駅」を位置付けることにした。

　「松阪まちづくりセンター」は、平成12年 (2000) 11月1日、設立総会を開催し、設立された。同センターは、自然が豊かで歴史と伝統ある文化に恵まれた松阪を、市民の力で活性化させる拠点として、幅広い市民によるまちづくり運動を志向している。まちづくりの企画・実践、県政・市政への提案・チェック、市民団体・全国的組織との交流、国際交流、情報発進の拠点、松阪大学・市民の交流と活用、などを目標としている。差当り片桐家 (大正期の呉服商「亀田屋」) の建物を活用した「まちの駅―寸庵」、「松阪市民塾」、「市民ギャラリー」の運営を実施することにした。

　「まちの駅松阪―寸庵」は、平成12年11月26日、オープンした。「まちの駅」は、「地域交流センター」(東京都港区) が呼び掛けて展開しているもので、人と人との交流を通じ、まちを活性化させる拠点として設立させる施設で、平成10年 (1998) 10月に山梨県櫛形町に第1号が町営施設として設立された。当時は、全国で10館程度で、全国的な組織もなかったが、阪上が、その存在を知り、「地域交流センター」で、田中栄治代表理事からその趣旨を聞き、同感して、松阪市での開設を志向していたもので、論文に松阪市への「提言」に盛り込み、市民の賛同を得て、開設に至ったのである。「まちの駅」も、その後、「地域交流センター」の努力で、全国各地で取り組まれ、平成13年 (2001) 8月、全国

的組織「まちの駅連絡協議会」が創設され、2003年3月現在で、常設施設が52、試行的な施設は200程に達している。

「寸庵」という名は、片桐家の明治初期の主人が、裏千家の玄々斎より「寸庵」の号を受け、茶道をたしなんだのに由来している。「まちの駅－寸庵」は、松阪の史蹟「三井家発祥の地」に隣接し、観光コースに面している。そのため、観光客への無料休憩所として便宜をはかるとともに、観光案内、お茶のサービス、トイレの使用、などを提供、さらに話相手として交流を行っている。これに当たっている会員23人は、全員ボランティアで、趣旨を理解して喜んで当番を勤めて頂いている。平均年齢は70を越えていて、高齢者の能力活用のモデル・ケースといえるのではないかと自負している。ありがたいことに、此処にくると色々な人に会えるので楽しいと、言って頂いている。また、300人以上の市民が、趣旨に賛同して、賛助会員として、資金援助をして頂いている。店の部分では、松阪の土産品、古布、身障者施設の製品、野菜などを販売している。

2階は、「市民ギャラリー」として、出来るだけ隠れた市民の作品を紹介する場にしたいと考え、「和紙人形」「俳画」「木彫」「写真」「ひょうたん画」など、毎月企画を立て、市民にも好評を得ている。地元の偉大な政治家「尾崎行雄展」も開催された。

「松阪市民塾」としては、市民の有識者から「松阪の歴史」について話をして頂いたり、会員が得意の分野で話をするなどしていたが、平成15年（2003）4月から、松阪大学の協力を得て、年間の共通テーマで連続講演を実施することができ、1年目は、「これから日本はどうなるか」ということで、市民からも好評であった。

ホームページも、松阪大学のなかで、NPO部の協力で開設されている。また、平成12年（2000）インターネット博覧会（インパク）には、「地域交流センター」が中心になって出展した、パビリオン「まちの総合情報交流拠点」（まちの駅パビリオン）にも「まちの駅松阪―寸庵」として出店した。

平成13年8月、「地域交流センター」が中心になって、まちの駅の全国的組

織「まちの駅連絡協議会」が創設され、全国的な仲間と交流する道も開けた。

平成13年11月、創設1周年を迎え、記念の「歌とお話の会」を開き、盛会であった。年間の来訪者も予想を上回る4,000人に達し、3分の1が県外、3分の1が県内、3分の1が市内の割合であった。

平成14年（2002）1月、思いがけないことが起きた。松阪市が初めて創設した「第1回松阪まちづくり景観賞」のまちづくり活動部門の「優秀賞」に、「松阪まちづくりセンター・まちの駅—寸庵」が選ばれたのである。活動して1年足らずで、私たちは資格がないとして、今回は応募を見送っていた。それが、どなたかの推薦で、受賞となったのである。お断わりするのも失礼なので、これも私たちの活動を評価して頂いた結果と、ありがたく頂くことにした。今後も、皆様のご期待に沿うような活動をしていかなければならないと、改めて一同決意を新たにした。

こうして「まちの駅松阪—寸庵」は、次第に市民にも存在が知られるようになった。さらに、「るるぶ伊勢・志摩」版や「じゃらん」に取り上げられ、観光客にも広まっていった。

平成14年5月、高倉利視氏（和菓子店経営）から、三井家ゆかりのチラシなどを、贈呈して頂いた。自宅におくよりも、「寸庵」で多くの人に見てもらいたいということで、これも私たちを評価して頂いた結果と嬉しく受けとめている。

平成14年11月、無事開館2周年を迎えることができ、私たちは、ようやく定着してきたなという実感を持つことができた。3年目に入り、私たちは新しい方向を模索している。1つは、「寸庵」が建てられたのが約100年前で、呉服商「亀田屋」が主として「大正時代」に営業されていたことから、大正時代のテーマ館「大正ロマン館」として特色付けることである。大正時代は、足掛け15年という短い期間であるが、「大正デモクラシー」「大正ロマンチシズム」に象徴されるように、新しい日本の流れを創った時代であった。松阪ゆかりの人物として、大正デモクラシーのリーダー尾崎行雄、「童謡の父」といわれる本居長世、松阪を扱った代表的文学、梶井基次郎の『城のある町にて』が発表された

のも大正である。また、松阪では、労働運動や水平社運動が三重県で先駆的に展開された。財閥時代をリードしたのが、三井であり、百貨店の先駆けは三越であった。全国の「まちの駅」では、特色ある駅の創設が続いている。「川の駅」「海の駅」「アートの駅」「健康の駅」などである。「寸庵」も、「大正ロマン館」として、「大正時代を見直す」手掛りになるテーマ館を目指して行く考えで、3周年を記念してスタートする予定である。

　第2は、「フリー・スクール」の設立である。不登校が増加して社会問題化している。幸い会員の多くは、教職の経験者であり、生徒と一緒に「寸庵」の運営に当たり、人間的触れ合いを通して、社会性を身に付けさせ、学校復帰への道を開いてやりたいと考えている。教育方法としては、自然を尊び、体験を重視するシュタイナー教育を取り入れたい。「賢治の学校」がその先駆的モデルである。この件については、現在慎重に検討している。

　松阪市の公的「観光ガイドマップ―松阪路」に、「まちの駅―寸庵」が取り上げられ、本格的に定着してきたと実感してきた今日この頃であるが、今後は、他の「まちの駅」との交流・連携を進めて行きたい。

平成14年研修旅行（2002年10月21―22日）

松阪まちづくりセンター創立

理事長に阪上松大教授
まちの駅や市民塾を開設

松阪大学の阪上順夫教授ら市民23人が地域活性化のため、民間レベルで活動する団体として発足準備を進めてきた「松阪まちづくりセンター」の創立総会が、1日午前9時半から松阪市本町の市産業振興センターで開かれ、理事長には阪上教授が就任した。

松阪まちづくりセンターは、歴史と伝統ある文化に恵まれた松阪を市民の力で活性化させようと、阪上教授らの呼び掛けで集まった市民らが、5月から準備を進めてきた。

この日は、当初から準備を進めてきたメンバーのうち18人が出席。役員選任や規約案、事業計画案の承認を行った。計画では、市内の観光案内や市をPRする「まちの駅──寸庵（すんあん）」の開設や、市民の生涯学習を進める「松阪市民塾」の実施などを挙げている。

寸庵は、市民や観光客が上がり込んで気軽にくつろげるようにと、本町の三井家発祥地の隣の空店舗（木造2階建て）を借りた。今月末に開設する予定で、現在、下水道工事や庭の整備などを行っている。同所は、センターの事務所としても使用される。

理事長に就任した阪上教授は「地方分権が進む中、市民が積極的に活動していかなければ本当の地方の自主と地方分権は達成されない。センター が、松阪を市民の力で活性化させるためのものになれば」と話している。

「松阪まちづくりセンター」創立の報道記事（2000年11月1日　夕刊三重）

市民団体が主導「まちの駅」づくり

観光情報発信拠点に

古い商家借り26日オープン

松阪

市民や観光客が気軽に立ち寄って休息をとったり、交流を深めることで県内外へ観光情報を発信できる拠点にと、松阪市の市民団体が市中心部に古い商家を借りて「まちの駅」づくりを進めている。「まちの駅」は全国に広がりをみせているが、関係者は「市民が主体で立ち上げるのは初めてでは」と話す。メンバーらは「もてなしの心を大切にしつつ、市民主導のまちづくりをしていきたい」と、二十六日の開館に向けた準備に追われている。

駅づくりに取り組んでいるのは、市民を中心に一日発足した「松阪まちづくりセンター」（理事長、阪上順夫・松阪大学教授）。行政主導ではなく市民の力で地域活性化に取り組もうと、四月からセンターの立ち上げや「まちの駅」づくりなど検討を重ねてきた。

「まちの駅」は同市本町にある三井家発祥地隣の空き店舗を利用した。木造二階建て（延べ約百六十平方㍍）で、大正時代は「亀田屋」という呉服屋だった建物。持ち主が「まちづくりのためになるならと無料で貸してくれることになった。

亀田屋の祖先が茶道の師匠から受けた号と同じ「寸庵（すんあん）」と命名した。観光に訪れた人たちが靴を脱いでくつろいだりできるよう、メンバーらがおちゃの無料サービスのほか市内の名品紹介などを買って出る。

寸庵には下水道を引き、一部の畳を入れ替えただけで、クラシックな雰囲気を壊さぬよう、建物自体にはほとんど手を加えなかった。呉服屋当時の棚など、商家の名残がいたるところにみられる。

オープニングセレモニークラブ「MACOM」の協力を得て、十二月三十一日から平成十三年末までインターネット上で政府が主催する「インターネット博覧会（インパク）」に、ホームページを出店する計画が進行中だ。

阪上教授は「他の地域にも気軽に利用してもらうらにネットワークが広がっていけばいいですね」と期待を膨らませている。

センターでは、まちづくりの情報発信拠点として、市民の名品紹介などを買って出る。商家の名残がいたるところにみられる。

オープニングセレモニーの準備に忙しい坂井文・センター事務局長は「やすらぎ、やさしさ、やわらかさの三つの『や』をモットーする会をにぎわせ、先着でプレゼントも用意されている。

開館は二十六日午前十時。ミニコンサートなどが開かれるほか、先着でプレゼントも用意されて、多くの人をもてなしたい。

まちの駅「寸庵」の開館準備をする松阪大学の学生ら

「まちの駅—寸庵」について（2000年11月22日　産経新聞）

「まちの駅」から元気発信

町家を改装、松阪に県内第1号

交流・学習・企画の場に

さびれつつある市街地を自分たちの力で活性化させようと、松阪市のお年寄りや主婦らが「松阪まちづくりセンター」（理事長、阪上順夫・松阪大教授）を設立した。活動の場として、かつての参宮道の面影を一部に残す本町の町家を借り受け、「まちの駅松阪一寸庵」と銘打って、26日にオープン。観光客に情報を提供し、市民塾の開設やリサイクルショップを企画するなど、人の輪をつなぎ、憩いの場になることを目指す。地域の境を越えて交流する「まちの駅」は10月に全国の連絡協議会が発足したばかりで、三重県では「寸庵」が第1号となる。

阪上教授は大学院で、街道町を神奈川県小田原市の比較研究をし、大学院生や市民とともに町づくりの構想を練るた。その後も講義の参加者らは「町づくりの実現に向け動き出し、活動の拠点として空き家が借りられることとした。

江戸時代、松阪の玄関口だった本町の一角で、三井家発祥の地の近隣。大正期に建て、間口二間のウナギの寝床のような典型的な町家だ。市の教育委員長、越知愛幸子さんの親族（片桐家）の所有で、快く供与された。

趣旨に賛同する人たちは五月から「まちづくりを語る会」やりあわせを何度も行い、一月一日、センターの設立にこぎつけた。会員は元教師ら三十余人。相談役は元県立博物館長の田畑美穂さん。顧問には本町で町おこしに取り組んでいる高島信彦さん、魚町の石村武紀さんをお願いした。

センターでは町づくりで、具体的には①市民、観光客との交流②観光宣伝③高齢者の生きがい事業④特産品の販売⑤ギャラリー運営⑥まちの駅連絡協議会との交流⑦インターネット博覧会参加など、どの活動をする。また、松阪市民塾を開き、①市民主体のまちづくり②観光資源が多いが、松阪に欠けているのは大きな観光資源がありながら、素通りしていて、県内のあちこちに広げていく中で、そのモデルになりたい。

阪上順夫理事長の話 市民主体の運営が多い。「まちの駅」も行政が主体外に向けて情報を発信していきたい。一地域のことだけでなく、広く外に向けて情報を発信していきたい。

片桐家は改装もほぼ済み、店の間には昔、着物を並べた大きな木の棚が置かれ、民芸品などが並べられた。ここには会員が詰め、お茶の挨拶もされる。お客さんの写真や額なども家族のまま掛けられ、往事がしのばれる。

センターでは年額一口千円で、賛助会員を募集中。センターの電話番号は〇五九八ー二一ー三〇六。越知さんや事務局長の坂井文知さんたちは「一生職場を終えた私たちは一度職場を終えた新たな社会貢献、生涯学習の場。あせらず、一歩一歩やっていきたい」と話している。

店の間で大正時代の大きな戸棚に民芸品を並べる会員たち＝松阪市本町で

「まちの駅―寸庵」について（2000年11月23日　朝日新聞）

「まちの駅―寸庵」について（2000年11月28日　夕刊三重）

付（参考資料）　213

手作りの物品を販売する会員ら＝本町の「寸庵」で

学生たちが観光案内

「まちの駅松阪―寸庵―」

早速、市民塾も開講

地域活性化のために民間レベルで活動する団体「松阪まちづくりセンター」（理事長＝阪上順夫松阪大学教授、21人）が、市内の観光案内や憩いの場、市のPRなどを行う施設として準備を進めてきた「まちの駅松阪―寸庵―」（下村登良男館長）が26日午前10時から松阪市本町にオープンした。

同センターは、歴史と伝統のある文化に恵まれた松阪を市民の力で活性化させようと、阪上教授らの呼び掛けで集まった市民有志らで発足。会員地の隣に位置する、建物

は切妻造桟瓦ぶき2階建ての約165平方㍍。主屋の奥に井戸屋形や離れなどが庭を取り囲む形で配置されている。

「まちの駅」は、大正から昭和初期にかけて「亀田屋」として呉服屋を営んでいた片桐家の旧宅で、本町の三井家発祥地の隣に位置する、建物

手作りの活動拠点施設を市内に設け、市民だけでなくだれでも気軽に利用できるようにした。

この日は、「まちの駅」と書かれた看板やのれんを掲げ、会員手作りのイアで参加した松阪大学の学生らが、早朝から市内をはじめ、名古屋や大阪などから訪れた多くの観光客を案内。建物内では手作りの物品や、この月は午後4時まで）。詳しい問い合わせは、同センターTEL0598㉑1306へ。

また、午後2時からは市民の生涯学習を行う「市民塾」を開講。三重大学の菅原洋一助教授が講演した。その後、櫛田町在住で音楽を勉強している越知ひとみさん（35）が大正時代の唱歌を披露し、会場の雰囲気を盛り上げた。

「まちの駅」は入館無料で、水曜日が定休日。開館時間は午前10時から午後4時まで（4月～9月は午後4時半まで）。詳しい問い合わせは、同センターTEL0598㉑1306へ。

おはようトーク

県内初の「まちの駅」を開設した「松阪まちづくりセンター」理事長
阪上 順夫（さかがみ のぶお）さん 68

【住まいは東京都東久留米市】

市民の熱意で交流拠点
手作り「駅」のモデルに

—センターの活動は。

松阪市本町にある大正時代の木造二階建ての旧呉服屋を借り、「観光案内や市民の交流、憩いの場として活用する『まちの駅―寸庵』を運営します。教員や公務員の退職者が中心の役員十一人が交代で詰め、寸庵で作り、町おこしをしようというもので、全国に約三十あります。行政の他のまちの駅は、行政や地元商工会議所などが中心ですが、松阪の寸庵は市民の負担で開設し、企画、運営する。全国でも例のない、市民主体のまちの駅として注目されています。

—「まちの駅」とは。

商店街など町中に交流拠点を作り、寸庵を拠点に情報発信し、松阪に人を呼ぶ活動をしたい。

—なぜ松阪に。

教授を務める松阪大学で昨年、地方都市活性化策について、学生や市民が参加して研究しました。その中で「松阪まちづくりセンター」構想案をまとめました。まさか実現するとは思っていませんでしたが、市民の方が松阪の寸庵構想に賛成して研究しました若い人の発想やエネルギーも取り入れたい。来年開催される「インターネット博覧会」には、まちの駅のパビリオンが出来る。学生の力を借りて、そこに寸庵のホームページを作りたい。まちの駅の全国的な連携を進めるだけでなく、松阪の魅力を世界に紹介したい。

〜　　〜　　〜

松阪大教授になって五年目。人情に厚く、親切で自然豊かな松阪が気に入り、市内にも居を構えた。明治大の非常勤講師も務め、東京との間を往復する多忙な毎日だが、「少しでもお返しができれば」と市民に負けない情熱で町おこしに取り組んでいる。センターでは一口五千円で賛助会員を募集している。問い合わせは寸庵内同センター事務局（0598-21-1306）。

（聞き手・小関 智宏）

から「構想にぴったりのいい空き家がある」と持ちかけられ、市民の熱意と努力で先月末、開設できました。

—具体的な活動は。

観光案内のほか、市民の生涯学習の場として、「松阪市民塾」を開く。企画展や特産品販売もします。定年退職した人たちの老人パワーを生かしそうと協力を呼びかけたら、女性を中心に多くの人がボランティアで生き生きとやってくれる。市民手作りの

「おはようトーク」（2000年12月12日　読売新聞）

市民主導で地域活性化を

日曜インタビュー みえの人

「まちの駅・寸庵」を立ち上げた「松阪まちづくりセンター」理事長で松阪大教授

阪上 順夫さん（68）
=東京都東久留米市

東京と週半分は行き来

歴史的な遺産や観光資源、豊かな自然を数多く持ちながら、いまひとつ元気のない松阪の街。「何らかの貢献がしたくなった」。この街に、市民や観光客が気軽に立ち寄って休息を取ったり、お互いの交流を深められる拠点を発信できる拠点をつくることで県内外へ観光情報を発信できる拠点をつくろうと、昨年十一月末、同市木造にある古い商家を借りて「まちの駅・寸庵（すんあん）」をオープンさせた。

道路沿いなどに見られる「道の駅」の市街地版が、市民が主体で立ち上げるのは初めてではないか」と話す。

寸庵は、空き店舗となっていた三井家祥雲邸隣の木造二階建てで、大正時代は「角田屋」という呉服屋で、延床約六十平方メートル。持ち上がったのがスタートだった。

阪上は、自らが理事長を務める「松阪まちづくりセンター」を中心としたメンバーと、市民や学生がセンターに立ち寄り、話し合いを重ねてきた。

「行政ではなく、市民の力で地域活性化に取り組もうと作られる」などメンバーの手作り。寸庵の二階は、まちづくりの見学に訪れる神奈川県小田原市などの授業の成果も十分できる「学んでいる」。

大学大学院の授業「政策過程論」の受講生を市民に呼びかけ「他の市では行政などが立派な建物を建てているが、「寸庵が」新しいまちづくりの出発点になるのかな。松阪のためだけではなく、全国のまちの駅と交流し、結び付けたい」とさらに意欲込む。

〈寸庵は〉市民＝行政のまちづくりのモデルケースになるのでは。市中心部には空き店舗が増えているが、市民の力でこんなこともできる

庵の手入れ、大工仕事など、センターのメンバーがそれぞれ担当分野で準備にかかわった。建物下水道はしっかりとしており、下水道を引いたり骨替えをしたりしたほかは、ほとんど手を加えなかった。反物を扱っていた呉服屋当時の棚なども、クラシックな雰囲気が至るところに残る。

松阪の祭りや花の名前を紹介するパネルなどが壁に掛けられる。寸庵の一階は、民会議室や市民ギャラリーなどとして使うことにしている。

◇

阪上は、自宅のある東京・東久留米市と勤務先の松阪を週半分ずつ行き来する生活。松阪大学政策学部で教べんを取りながら、東京大学大学院でも講義を受け持つ多忙な毎日だ。

授業の合間を縫ってこの活動が軌道に乗り始め、「寸庵が」新しいまちづくり

「松阪が第二のふるさとになりました」

ゆったりとした話しぶりながら、口から出るまちづくりへの想いはどこまでも熱く、止まらない。遠くを見る目は、再生した新たな松阪の姿が見えているようだった。

（住井 亨介）

「日曜インタビュー」（2001年1月21日 産経新聞）

寸庵だより

NO. 1
H13, 2

二十一世紀の松阪を市民の手で

松阪まちづくりセンター理事長
阪上 順夫

二十一世紀の松阪は

二十一世紀が幕開けしました。二十世紀の初め（明治三三年）と比べ、電気器具や自動車の普及で生活には便利で楽になりました。二十一世紀は、どんな時代になるか、期待と夢が広がります。しかし、ばら色の未来だけではありません。国と地方で六百六十六兆円もの借金が累積されています。松阪も例外ではなく、財政難に陥っています。少子・高齢化が進み、人口の減少など厳しい状況が予想され、税収の減少、負担の増加、過剰な期待は出来ません。国や地方の行政に任せればよいという感覚では未来は展望できません。市民が積極的にまちづくりに取り組むことが必要です。新しい感覚を持った野呂市長が登板されました。二十一世紀の松阪市の方向付けをされる市長の明るいビジョンに取り組むことになりました、幸い、市長の力でまちづくりに「二十一世紀松阪まちづくりセンター」は、新しい発想や感覚をもって二十一世紀の松阪を市民の手で築きたいという願いで設立しました。市民の手で築き上げたい的発想や感覚を持った松阪大学のでの幅広い市民・学生・院生の皆さんのご協力をお願いいたします。

拠点と交流の場としての「まちの駅松阪・寸庵」

幸運にも本町の空き家を片桐家が提供して下さることになり、活動の拠点、そして市民・観光客・学生などとの交流の場として「まちの駅・寸庵」をオープンすることが出来ました。建物は明治末期から大正初期の商家であり、豪商の商人の館でもあります。「商人の館」と対照的な一般的の商家として、博物館でもあります。十一月末のオフシーズンの開館でしたが、予想以上の市民・観光客の方々にお越しいて頂いており、松阪の観光客案内・宣伝を行なうとともに、特産品の販売もしています。昨年八月に全国組織「まちの駅連絡協議会」（事務局・地域交流センター）が発足し、インターネット博覧会（インパク）にもパビリオンが設立されています。「まちの駅松阪・寸庵」もホームページを立ち上げています。

今後の活動

私たちの活動は、現在の役員だけに限定されるものではありません。趣旨に賛同される市民の皆様の参加を期待しています。
今後、松阪のまちづくりのための話し合いと実践、「松阪市民塾」の開催など市民の生涯学習支援、国際親善交流、インパクや松阪からの情報発進など、幅広い活動を予定しています。
皆さん、一緒にどうですか。

「寸庵だより」創刊号

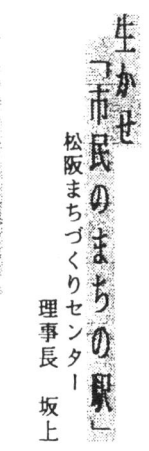

寸庵だより

No. 2
H13.5

生かせ「市民のまちの駅」

松阪まちづくりセンター
理事長　坂上　順夫

「まちの駅」は交流の場

「まちの駅」は、英語では「ヒューマン・ステイション」と言っています。何よりも、人と人との出会いと交流の場というのが、その目的です。市民だけではなく、観光客、学生、院生らと、出会い・話し合い・交流し、松阪を活性化し、全国に松阪を発信したいと願っています。幸い、オープンしてから五か月間で約二千二百七十名の人が訪れて下さいました。その三割が全国各地の県外の人達でした。無料サービスのお茶を飲みながら歓談した皆さんは、喜んでお帰りになりました。「寸庵」は会員のボランティア活動で維持なさっていますが、こうした出会いが何よりの励みになっています。

「まちの駅」は松阪の顔

「まちの駅」の重要な役割は、松阪を訪れる観光客へのサービスです。観光情報の提供、無料休憩所、特産品の販売などです。場所は、松阪の観光ルートに位置し、三井家発祥の地、松阪商人の館に隣接しています。その上、建物自体が、約百年前の商家で、博物館的意味があります。そして会員のもてなしと笑顔が、松阪の顔ともなっています。また、インパク（インターネット博覧会）にも参加して、世界に情報発信しています。

「まちの駅」の活用と援助を

このほか、「まちの駅」寸庵では、二階をギャラリーとして展示を行ない、適宜「松阪市民塾」を開催し、松阪文化の向上を図っています。こうした催しや企画に、市民の皆様の参加と協力をお願いします。折角市民の手で作られた「まちの駅」です。十分生かして活用して下さい。そして、出来ればボランティアとしてお手伝いして頂いたり、賛助会員として援助して頂きますようお願い申し上げます。

「まちの駅」のPR

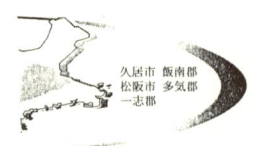

●松阪紀勢総局
松阪市本町2176
☎ 0598(21)4123
FAX 0598(21)4124

●大台通信部
多気郡大台町佐原106番地
長崎アパート1棟-6号
☎ 05988(2)1465
FAX 05988(2)1465

阪上教授（右）の説明で写真パネルを見る人たち＝松阪市のまちの駅「寸庵」で

「憲政の神様」を知る写真、年譜

尾崎行雄展始まる
23日に記念講演会も
松阪

【松阪】「憲政の神様」といわれた三重の生んだ政治家・尾崎行雄（咢堂）の写真や年譜などを展示する尾崎行雄展が十日、松阪市本町のまちの駅松阪「寸庵」二階で始まった。松阪まちづくりセンター、松阪大学尾崎行雄政治研究会、咢風会が主催。二十七日まで。

同展は、センターと研究会の代表で尾崎行雄研究者の阪上順夫松阪大学教授の肝いりで、伊勢市の尾崎咢堂記念館から借りた昭和五年ごろの浜田国松衆議院議長の議会での尾崎行雄の演説写真パネルや、普選促進運動の陣頭に立つ尾崎咢堂など、約五十点を展示している。

阪上教授は「咢堂という人物を多くの人に知ってほしい。また、参院選が近くあることから、咢堂の精神をPRしたい」と、話していた。

二十三日午後四時から同所で阪上教授が「尾崎行雄の選挙」と題して記念講演会を開く。入場無料。（下村）

「尾崎行雄展」について
（2001年5月11日　伊勢新聞）

付（参考資料） 219

ホームページ拝見 ⑥④
（毎週水曜日掲載）

まちの駅 松阪「寸庵」

「まちの駅 松阪『寸庵(すんあん)』」は、松阪まちづくりセンター」が昨年11月にオープンし、市民や観光客が気軽に上がり込み、くつろげる無料休憩クラブ「MACOM」が開設。松阪市本町に

くつろげる無料休憩所

ある、まちの駅「寸庵」の憩所となっている。HPでは、寸庵についてを紹介しているHP（ホームページ）。「寸庵」は、「亀田屋」という呉服屋を営んでいた片桐家の旧宅で、庵のほか、松阪の観光地の案内などをしている。

まちの駅 松阪 「寸庵」

http://www.matsusaka-u.ac.jp/~a99081/sun_an/

Fujitani Room

お経をあげる建築家に暮らす「コスモハイム1-C」など、暮らしに役立つ情報を発信している。海外「旅日記」では、パリやカンボジア、ベトナムなどの景観なども紹介。毎週末には、トップページの「今週のことば」が更新される。

家・藤谷智史さん=松阪市=のホームページ(HP)は、昨年10月に開設された。日々の生活の中で意識して物を見ていこうと『藤谷かわらばん』を毎月末に発行。建築家の視点から見た「くらしのなかで」や、2DKで豊

暮らしに役立つ情報

http://homepage2.nifty.com/fuj_room/

「まちの駅―寸庵」ホームページ紹介（2001年10月3日　夕刊三重）

広がる交流 オープン1周年へ

松阪の無料休憩所「寸庵」

予想上回る4000人利用
あす記念イベント

松阪市の松阪まちづくりセンターが地域の活性化と観光案内、交流の場として同市本町に昨年、開設した無料休憩所「まちの駅松阪・寸庵（すんあん）」が二十六日、オープン一周年を迎える。

これを記念して二十四日、市産業振興センターで「歌とお話会」を開く。入場無料。

センターは、市民によるまちづくり提言や活性化と観光振興に取り組むことを目的に昨年十一月に旗揚げ。会員は学校や会社を退職した六十代から八十代の二十二人。松阪大学の阪上順夫教授（※）＝政治学＝が理事長を務める。

寸庵の建物は明治末期に建てられた呉服店。典型的な松阪の町屋の形式で、木造二階建て約百六十五平方㍍。玄関は旧呉服店の面影を再現し、座敷や蔵もある。二階は茶室やギャラリーとして活用している。

阪上教授は「オープン一年で約四千人が訪れた。予想を上回る人気で、三分の二が市外、三分の一が市民。休憩に訪れた人たちと交流し、会員がボランティアで松阪の魅力を紹介している。今後は不登校の子どもたちのフリースクールとしても活用できればと考えている」と話している。

二十四日の歌とお話会は午後一時から。松阪大学の吉田弘一名誉教授が「お茶と健康」、市文化財保護委員の下村登良男さんが「江戸時代の空間の生きる松阪」と題してそれぞれ講演する。唱歌や叙情歌の披露もある。

問い合わせは寸庵＝電0598（21）1306＝へ。

オープン1周年を迎えるまちの駅松阪・寸庵＝松阪市本町で

「まちの駅―寸庵」一周年について（2001年11月23日　中日新聞）

寸庵だより No.4 H14・1

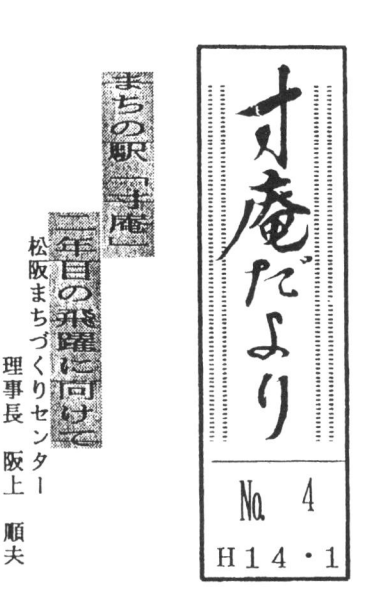

まちの駅「寸庵」 二年目の飛躍に向けて

松阪まちづくりセンター
理事長　阪上　順夫

新年あけましておめでとうございます。昨年は、テロ事件から戦争が起こり、景気もよくならず、暗いニュースが続きましたが、本年こそ明るく希望の持てる年になるようお祈りいたします。皆様にも幸せなよい年になるようお願いいたします。

お陰様でまちの駅松阪「寸庵」は、オープンして一周年を迎えることができました。これも多くの市民の皆様と会員の暖かいご支援の賜と感謝いたしております。幸いギャラリーや市民塾も活発に運営されているので、予想以上の成果が挙げられたと思います。二〇〇一年八月には、全国組織の「まちの駅連絡協議会」も発足し、今後は他のまちの駅との交流も進めて行きたいと考えています。二年目の課題と夢は、第一に、NPO法人として組織的に確立することです。できるだけ速やかに県に申請したいと考えています。第二に、会員組織の充実で

す。「寸庵」は、会員の献身的なボランティア活動によって維持されています。その負担を少しでも軽減するため、もう少し会員を充実したいと思っています。心ある人々の参加を期待します。第三は、他地域との交流の拡大です。「まちの駅連絡協議会」を通じて、他のまちの駅との交流や、特産品の交換、さらには国際交流へと、夢は限りなく広がります。まちの駅は、人と人との交流の拠点です。市民の皆様も是非気楽にお立ち寄り下さい。

「寸庵」への来訪者

オープン（平成十二年十一月二十六日）から平成十三年十一月二十日までの約一年間におよそ五千人の方々が寸庵を訪れて下さいました。

	1・2月	3・4月	5・6月
市内	三八三	四一二	三三八
県内	一三七	一七三	二九九
県外	一二七	二五五	三九六
外国	二	二	
計	六四九	七二二	八四四

	7・8月	9・10月	11・12月	計
市内	一六八	二二一	一九〇	一九四四
県内	一七三	三四八	一四七	一一八〇
県外	一六四	一八八	一八二	一八四二
外国	一二	六		二二
計	五一七	七六一	四四九	四九八〇

「寸庵」1周年と来訪者統計

寸庵だより No.5 H14・4

松阪まちづくり景観賞 まちづくり活動部門「優秀賞」受賞！

松阪まちづくりセンター
理事長　松阪上　順夫

松阪まちづくりセンター「寸庵」（まちの駅松阪「寸庵」）は、本年初めて設定された「松阪まちづくり景観賞」のまちづくり活動部門で、優秀な賞を受賞いたしました。これはひとえに皆様のご支援ご協力の賜と感じております。面映ゆい気もいたしますが、受賞の喜びを会員一同で分かち合い、一層の努力と関係者一同の決意を固めております。

世間とこう足らずでございますが、本年まだ実績もままならず、今後は一層、ご協力頂いた皆様に報いるためにも、実績を挙げて行きたいと思います。

その為にも、まちの駅発の展みさなからぎくしゃくせずに、進めて行きたいと思います。

まちの駅「寸庵」は、国際交流発信拠点としての組織作りの交流拠点として全国の駅との情報交流を進めて、国内外の当地に関する情報通信活用され、1年間の通じて交流を進めてまいりたく、松阪市観光協会ともタイアップ実行し、市民からも好評頂きました。日本や世界にも松阪市を紹介いたしたく思います。

今後も多様な市民の皆様に利用して頂きたいと思います。松阪市民塾は、月一回のペースで実施していましたが、これにも多くの市民の参加を期待しております。受賞を契機に、会員一同心を新たに、松阪市の発展のために力を尽くして行きたいと思っておりますので、今後ともご支援をよろしくお願い申し上げます。

松阪まちづくり景観賞「優秀賞」受賞について

三井家ゆかりのチラシ贈呈

松阪の高倉さん「寸庵に飾り多くの人に」

関係者らが見守る中、高倉さん(手前左)から額を受け取る阪上教授＝松阪市の寸庵で

【松阪】松阪市の先達・三井家ゆかりの明治二十九年当時のチラシなどの贈呈式が二十二日、同市本町のまちの駅松阪・寸庵であり、関係者らおよそ十五人が見守る中、同町の和菓子店経営高倉利視さん(宅)が、寸庵を運営する市民団体代表の阪上順夫松阪大学教授にチラシが納まった額を手渡した。

贈呈されたチラシは高倉さんが十六年前に、自宅を建て替えた際に、ふすまの下張りとして使われているのを発見。古物を集めるのが趣味の高倉さんは大切に保管していたが、「三井家の隣に位置している寸庵に飾って、多くの人に見てもらいたい」と、寄贈することにした。

チラシは三井家が東京や大阪で経営していた越後屋呉服店のもので、縦およそ四十㌢、横およそ三十㌢。当時の店の様子を色刷りし、「一

送料無料で商品を送る—」といった宣伝の文も添えられ、「本店三井呉服店東京市日本橋 明治二十九年九月」と明記されている。

額にはチラシのほかに「宝暦十二年 午年正月吉日」と書かれた越後屋の大福帳や、高倉さんが所蔵していた美人画一枚も納めた。

阪上教授は「貴重な資料をいただき、大変うれしい。額はよく見える場所に飾り、地元の人や観光客に紹介したい」と話していた。

(下村)

「三井家ゆかりのチラシ」について
(2002年5月23日 伊勢新聞)

古布に新たな"命"

松阪の政谷さん 羽織や帯揚げで手芸展

松阪市射和町、主婦政谷スミ子さん(℡)この古布を使った手芸展が、同市本町の無料休憩所「まちの駅松阪「寸庵」」で開かれている。十月十五日まで。

松阪政は、五年ほど前から本を見て、優しさやぬくもりを感じられる古布を使った手芸に取り組んでいる。

今回の作品のテーマは「水辺の生き物」。二、三年前から仕上げたヒラメやサンマ、サケなどのかわいい魚をはじめとした作品約六十点が並ぶ。

古布は、嫁入り時に母親から譲り受けたり、たんすの中で眠っていた大切な自分の着物などを引っ張りだした。

一度も着たことがないという夏物の紗の羽織や、赤い胴裏でこしらえた壁掛け、帯揚げで作った真っ赤なタイなどもある。いずれも、心を込めて古布に新たな"命"を吹き込んだ作品ばかり。

政谷さんは「古布の良さを感じてもらえれば幸いです」と話している。入場無料。毎週水曜日は休み。

=古布を使った政谷スミ子さんの手芸展=松阪市の「まちの駅「寸庵」」で

「手芸展」について(2002年9月20日 中日新聞)

付（参考資料） 225

松阪の町家を再現。
お茶を飲みながら
歴史にふれる

まちの駅
松阪 寸庵

まちのえきまつさか　すんあん

　歴史ある松阪の町をもっと知ってもらおうと頑張る松阪まちづくりセンター。三井家発祥の地の隣の町家・片桐家をまちの駅として公開し、町の人々、観光客とのコミュニケーションの場にしている。呉服屋だった当時の面影が残る建物内は見学自由で、センターの会員によるお茶の無料サービスも受けられる。松阪の町の人と会話をしながらひと休みしてはいかが？玄関口では呉服屋だった当時のはぎれ、民芸品などが展示販売されている。松阪市内の観光情報も入手できるので、観光途中、気軽に立ち寄ってみたい。

▲格子戸が風情を感じさせるまちの駅
◀三井家の発祥の地の隣に立っている

DATA／JR・近鉄松阪駅から徒歩10分。☎0598・21・1306。10～16時。水曜定休。Pなし。地図P84A1。

「るるぶ　伊勢・志摩」の「まちの駅―寸庵」紹介

「寸庵」開館2周年
お年寄りのもてなし好評

まちの駅松阪

松阪市木町の無料休憩所「まちの駅松阪『寸庵』」（下村登良男館長）が、先月末、光客らの休憩と、ボランティアのお年寄りたちの温かいもてなしが功を奏し、年々、来訪者は増え続けている。

寸庵は、松阪の古い町並みの保存や人との交流の場として、呉服屋だった旧片桐家を借り、平成十二年十一月末に開設された。明治末から大正時代に建てられたという典型的な松阪の町屋。玄関は商家の面影が残り、母屋の奥には井戸屋形や雪隠（せっちん）。限られた間口（二間）を最大限に生かした造りが見られる。

開設当初、運営資金面などから心配の声もあった。しかし、お年寄り二十数人の情熱に加え、賛助会員の協力もあって運営基盤を整えた。定期的に和紙人形や木綿小物、書道などの作品展も開き、人気を集めている。

来訪者は、昨年は四千三百五十一人で、今年は十月までに四千四十五人。特に夏以降が増え、九、十月で千十人も訪れている。「せっかく松阪に来てくれたのだから、くつろいでほしい」というお年寄りたちのもてなし、人情が受けているという。

関係者は「行政の補助を受けると拘束され、やりたいことができない。できる限り、自分たちの力で頑張り、人と人をつなぐ交流の拠点にしていきたい」と話している。

開館2周年を迎えた「まちの駅松阪『寸庵』」＝松阪市で

「まちの駅―寸庵」開館2周年
（2002年12月3日　中日新聞）

まちの駅松阪「寸庵」

まちかど博物館「大正ロマン館」

　まちの駅松阪「寸庵」は、約100年前に建築され、呉服商「亀田屋」として、昭和初期まで主として「大正時代」に営業されました。そこで、大正時代のテーマ館「大正ロマン館」として整備することとしました。

　大正時代（1912-1926）は、足掛け15年間という短い時代で、「明治」「昭和」の谷間のように思われていますが、「大正デモクラシー」「大正ロマンチシズム」に象徴される日本の新しい流れを創った時代でした。

　政治では、大正デモクラシーといわれるように、護憲運動、普通選挙運動などが展開され、吉野作造の「民本主義」が思想的背景となりました。その先頭に立ったのが、三重県選出の「尾崎行雄」で、犬養毅とともに「憲政の神様」と称されました。

　経済では、日本の資本主義が本格的に形成された時期で、三井、三菱、住友、安田などの財閥が確立されました。一方、労働運動も発展し、労働組合も組織されました。ロシアで革命が起き、はじめて社会主義国家が生まれました。

　社会では、女性解放運動が進められ、女性の社会進出が活発化しました。主婦たちによる米騒動が発生し、全国に広がりました。また、「水平社」運動が起こされ、人権が問題となりました。松阪では、三重県では先駆的に労働運動や水平社運動が行われました。

　文化では、大衆化が進み、新聞・雑誌が普及、活動写真（映画）、新劇、宝塚なども盛んになりました。鈴木三重吉の『赤い鳥』などにより、童話・童謡が全盛期を迎えました。本居長世が「赤い靴」などの作曲で活躍しました。ラジオ放送も始まりました。

　『大正ロマン館』を「大正時代見直し」の手掛りにして下されば幸いです。

大正デモクラシーと尾崎行雄

　大正時代は、明治から引き継いだ薩長を中心とする元老・閥族政治に反対する憲政擁護運動で幕開けされました。その先頭に立ったのが、三重県選出の尾崎行雄と犬養毅でした。1913年（大正2）2月5日、衆議院で、尾崎行雄は、桂太郎首相に対し「玉座を以て胸壁となし、詔勅を以て弾丸に代えて政敵を倒さんとするものではないか。」という歴史に残る名文句で糾弾し、桂内閣を辞職にまで追い込みました。1914年1月には、海軍とシーメンス会社との贈収賄事件が明らかになり、「シーメンス事件」として政界を揺るがせました。

　1916年（大正5）『中央公論』1月号に、吉野作造の「憲政の本義を説いて其有終の美を済すの途を論ず」という論文が発表され、「民本主義」が提唱され、大正デモクラシーの思想的拠り所となりました。これを受けて「黎明会」が結成され、知識人による啓蒙運動が展開されました。普通選挙を要求する普選運動も活発となりました。1918年（大正7）7月、富山県魚津町の主婦達が米騒動を起こし、たちまち全国に波及しました。

　こうした中で、平民宰相といわれた原敬内閣が成立しました。政党内閣の成立でもありました。原内閣は、選挙権を拡張（納税要件10円を3円に引下）、小選挙区制を採用し、次の選挙で政友会が圧勝しました。1921年11月、原首相は、東京駅で刺殺されました。

　1924年（大正13）清浦内閣成立に対し、政友会・憲政会・革新倶楽部の三派により第二次護憲運動が開始され、普通選挙が公約されました。五月の第25回総選挙で、護憲三派が勝利し、加藤高明内閣が成立しました。加藤内閣は、公約である普通選挙（男子25歳以上）を実現しましたが、それとともに「治安維持法」を制定しました。

尾崎行雄（1858年-1954年）号は咢堂
神奈川県津久井町出身。第1回総選挙に三重県伊勢市から立候補し当選、以後

連続25回当選。護憲運動の先頭に立ち「憲政の神様」とよばれた。東京市長の時、ワシントンに桜を送り、日米友好のシンボルとなる。民主主義、反軍国主義の立場を貫き、政治家として高く評価されている。「世界連邦論」を提唱。三重県を代表する政治家。

財閥・社会運動

日露戦争後、日本の資本主義が本格的に形成されて行きました。その中心となったのが、財閥です。1909年三井合名会社の設立を皮切りに、12年安田、17年古河、三菱、18年浅野、21年住友と、次々と巨大なコンツェルンが形成され、財閥が確立されました。財閥の特徴は、持株会社への他人資本の参加を許さず、同族で固めたことで、三井は11家、三菱は2家、住友は1家でした。

三井財閥

三井家は、元近江の武士、越後守を名乗っていたのが屋号となる。江戸初期三井高俊の時、松阪にて、酒・質商を営む。三井高利（1622-1694）が、江戸・京都・大坂に進出、呉服・両替を商う。現金掛値なしの商法で成功、日本の大商人となる。幕末・明治を巧みに乗り切り、三井銀行、三池炭鉱、三井物産などを発足させ、財閥の基礎を築いた。呉服の三井越後屋は、三越となり、日本ではじめての百貨店となった。

労働運動

大正期になって、日本の労働運動は飛躍的に発展しました。労働争議が増加し、労働組合も結成されていきました。友愛会は、大正8年会名を大日本労働総同盟友愛会として労働組合に転換しました。総同盟は、左右対立が激化し、大正14年二つに分裂し、左派は、日本労働組合評議会を結成しました。

　松阪は、三重県下で最も労働運動が先駆的に展開されました。

水平社運動

1922年（大正11）3月3日、全国水平社結成大会が開催され、「全国に散在する吾が特殊部落民よ団結せよ」で始まる『宣言』が朗読された。この宣言は、西光万吉が起草したもので、人間解放の精神を謳いあげた金字塔とされている。その後、水平社運動は全国に広がり、松阪でも県下に先駆けて取り組まれました。

童話・童謡と本居長世

大正時代は、童話・童謡の全盛期ということができます。その中心は、鈴木三重吉が主宰した『赤い鳥』の運動です。（大正7年創刊）これに刺激されて、『金の船』（のちに『金の星』）、『おとぎの世界』、『こども雑誌』、『童話』、『コドモノクニ』などの児童雑誌が次々に創刊されました。童話には、三重吉はじめ、島崎藤村、芥川龍之介、有島武郎、小川未明など一流の作家が執筆し、「蜘蛛の糸」など多くの名作が生み出されました。童謡にも、北原白秋、西条八十、野口雨情などが詩を書き、山田耕作、中山晋平などが作曲しました。その中で、松阪に関係の深い本居長世も大きな存在です。

本居長世（1885-1945）

本居宣長の末裔。東京音楽学校ピアノ科卒業。「童謡の父」といわれる。「七つの子」「十五夜お月さん」「赤い靴」「青い眼の人形」など、800曲近い童謡を残した。

大正時代の新しい文化

ラジオ放送、活動写真（映画）、浅草オペラ（田谷力三、藤原義江）新劇、円タク、全国中等学校野球大会、白樺派文学、「新しき村」、社交ダンス、パーマネント、ミシン、竹久夢二、漫画、文化住宅、駄菓子屋、宝塚少女歌劇、モボ（モダンボーイ）、モガ（モダンガール）立川文庫、東京駅

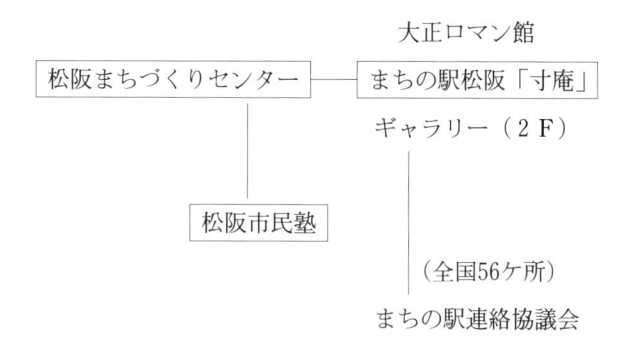

　　　　　　　　　　　　　　大正ロマン館
　松阪まちづくりセンター ─── まちの駅松阪「寸庵」

　　　　　　│　　　　　　　ギャラリー（2F）

　　　　松阪市民塾　　　　　　│

　　　　　　　　　　　　　　（全国56ケ所）
　　　　　　　　　　　　　まちの駅連絡協議会

粋でいなせな「藍の縞模様」

当時の江戸で大評判 素朴で味わい深い魅力に迫る

丈夫で長持ち、保温性にも優れているとして、室町時代の終わりから愛用されてきた松阪木綿。江戸時代には、お洒落な縞模様が大流行し、多くの豪商を生み出しました。ベトナムから渡ってきた「柳条布」を、洗練された技術で染め上げた丈夫な糸は、うほど。藍の深み増すと言われます。それを粋な松阪のお嫁さんたちが、当時の松阪のお嫁さんたちが、織の上手下手、織りの良し悪しを判断したといういうほど。味わい深い藍の縞は女性たちの高い美意識が反映しているのです。

Scene 2 Two

散策マップ

【魚町通り】

江戸木綿問屋・長谷川邸
千本格子、虫籠窓、暮入りの蔵そしてうだつの上がった屋根など、落ち着いたたたずまいの中に当時の松阪商人の繁栄ぶりがうかがえる。(内部非公開)

松阪もめん手織りセンター
昔の越後屋跡地で、松阪木綿のルーツを辿ることができるほか、「一日織姫」では機織り体験も行える。財布や人形など、素朴な風合いが魅力的な各種製品を展示販売され、お土産として喜ばれている。
▶歴史民俗資料館 P4へ

本居宣長旧宅跡
宣長が12歳から72歳まで暮らした住居跡で、現在旧宅はそのまま松阪城跡内にある本居宣長記念館横に移築され、「鈴屋」として親しまれている。
▶鈴屋 P4へ

松阪商人の館
屈指の豪商だった小津清左衛門邸を公開したもの。広い屋敷内は、江戸店持ち伊勢商人の知恵と文化を偲ぶことができる。数々の展示品の中には千両箱ならぬ「万両箱」も。

まちの駅松阪「寸庵」
「亀田屋」の屋号で呉服屋を営んでいた「片桐邸」。間口は狭いが奥行きは広く、「みせ」や中部屋、坪庭などがそのまま風情を残す。市内の歴史や観光案内を行っており、無料休憩所としても利用されている。

三井家発祥地
本町通りの白い塀に囲まれたこの地は、三井家全盛の基礎を築いた三井高利ゆかりの場所である。

【旧参宮街道】

松阪市観光ガイドマップ「松阪路」より

II　歴史と文化、そして松阪牛
（三重県松阪市）

話題は何より松阪牛
　私が「松阪大学」と言うと、ほとんどの人が「松阪牛」に言及する。それほど高級牛肉としての松阪牛ブランドは知れ渡っている。松阪牛は、但馬牛の雌の仔牛を、独特の飼育法で丹精込めて肥育させたもので、霜降りの最高牛肉である。BSE（いわゆる狂牛病）事件で牛肉離れが進んだが、「松阪牛」の信頼は微動だにしなかった。市内には、「和田金」「牛銀」「三松」などの老舗もあるが、学生も気楽に利用できる焼肉屋も数多く存在する。松阪に来たら、懐具合に応じて、まず松阪牛を味わうのがお薦めである。

宝塚古墳から「国宝級」の船形埴輪
　「歴史と文化のいきづく公園都市」が、野呂松阪市長のスローガンであるが、歴史に関する最近の話題は、何と言っても宝塚古墳からの船形埴輪の出土である。5世紀の宝塚古墳の発掘が松阪市教育委員会の手で進められ、次々と画期的な発見が報告されているが、そのハイライトが、船形埴輪である。全長140センチ、高さ90センチ、最大幅25センチの堂々たる大きさは、日本最大であり、そのうえ豪華な装飾で飾られていた。このため、「国宝級」との評価がなされ、松阪市の新しいシンボルとなった。

『城のある町にて』
　松阪のまちは、天正12年（1584）戦国の名将蒲生氏郷が、松坂城を築き、まちづくりをしたのが始まりである。現在松坂城は、豪壮な石垣だけが残っているが、桜や藤の名勝地として、市民の憩いの場となっている。梶井基次郎は、この石垣の上からの眺めが好きで、『城のある町にて』の名作を残している。

その場所に、その一節を刻んだ文学碑が建っている。城の搦手門の傍らに、警護の紀州藩士たちが住んでいた御城番屋敷が、昔のままの姿で残っている。19軒の2列の長屋であるが、驚くのは現在も人が生活していることである。端の1軒が観光客のために公開されている。

学問の師本居宣長

　戦前の教育を受けた人にとって、松阪と言えば「松坂の一夜」である。国定教科書でとりあげられた賀茂真淵と本居宣長の松阪での一夜の会合の話は、強い印象をもって記憶されている。現在、本居宣長は松阪市の文化のシンボルであり、本居宣長記念館、旧宅の鈴屋が松阪公園にあるほか、奥墓など関係する遺跡も多い。駅前には「鈴」の噴水がある。平成13年（2001）には、「宣長さん二百年」のさまざまなイベントが展開された。松阪大学も、この学問の伝統を引き継ぐべく、地域社会研究所を中心に、地域文化財の発掘や地域研究を行っている。

松阪商人のまち

　松阪は、伊勢商人とも言われた松阪商人のまちである。その代表格は、三井財閥の祖「三井高利」である。「現金掛け値なし」の画期的商法で大成功し、三井家の基礎を築いた。現在は、「三井家発祥の地」として、昔の面影を残している。江戸期の屈指の豪商「小津清左衛門」の邸宅が市に寄贈され、「商人の館」として博物館となっている。そのほか、「長谷川家」「富山家」「家城家」「国分家」「竹口家」「竹川家」などの名家があるが、現在もご子孫が住んでおられ、外見することだけができる。松阪商人の目玉商品は松坂木綿であったが、その伝統を残すために、「松阪もめん手織りセンター」が設立され、「藍の会」が運営している。

大学院から「まちの駅寸庵」

　私は、小田原市から市のPRをする「小田原評定衆」の委嘱を受け、松阪市と共通点の多いことに気がついた。城下町、宿場町、港町、歴史、交通の要衝など。そこで、大学院の授業で、まちづくりの視点から両市の比較研究を行うことにした。市民にも参加を求め、「夕刊三重」で募ったところ、10人ほどに参加していただいた。1年間の研究成果を、松阪市への提言も含めてまとめ、「松阪大学地域社会研究所報」(12号)に、「地方都市活性化への政策研究―松阪市と小田原市の比較研究」として発表した。

　その中に「まちの駅」の構想があり、市民の方から適当な空き家があるとの情報が寄せられ、具体化された。現在、観光客と市民の交流の拠点として活動している。

古い商家を活用した「まちの駅寸庵」。2階はギャラリー

Ⅲ　小田原評定衆について

　小田原市は、市のPR役として市民以外の人に「小田原評定衆」を任命している。阪上も、かつて小田原市を調査した縁で、「小田原評定衆」を拝命した。このことから、松阪市と小田原市の比較研究を行った。

「広報おだわら」2001年6月号

■著者紹介

阪上順夫（さかがみ　のぶお）

1932年（昭和7）東京に生まれる
東京教育大学（現筑波大学）卒業
東京都立大学大学院博士課程修了（政治学専攻）
国立国会図書館調査員、埼玉大学教育学部助教授を経て、東京学芸大学教授、定年退官、（東京学芸大学名誉教授）
現在、松阪大学政策学部教授、
　　　教育学博士（筑波大学）、名誉政治学博士（米国イオンド大学）
　　　明治大学講師、皇学館大学講師
　　　尾崎行雄記念財団理事、全国疎開学童連絡協議会会長
主要著書
「現代選挙学」「日本選挙制度論」「現代選挙制度論」（以上政治広報センター）「社会科における政治教育」（明治図書）、「平成の政治学」（ごま書房）、「尾崎行雄の選挙」（和泉書院）、「現代における政治教育の研究」（第一学習社）その他、著書論文多数。

松阪大学地域社会研究所叢書　5

21世紀地方都市の活性化
―松阪市と小田原市の比較研究―

2003年3月25日　初版第一刷発行Ⓒ

著　者　　阪　上　順　夫

発行者　　廣　橋　研　三

発行所　　和　泉　書　院
〒543-0002　大阪市天王寺区上汐5-3-8
電話　06-6771-1467
振替　00970-8-15043
印刷・製本　亜細亜印刷

ISBN 4-7576-0259-6 C0331　装訂／濱崎実幸

◆松阪大学地域社会研究所叢書◆　　　　　　　（価格は5％税込）

書名	著編者	番号	価格
伊勢商人　竹口家の研究	竹口作兵衞・中井良宏 監修 上野利三・髙倉一紀　編	1	3675円
尾崎行雄の選挙 世界に誇れる咢堂選挙を支えた人々	阪　上　順　夫　著	2	4725円
地域に生きる大学	中井良宏・宇田　光 片山尊文・山元有一 共著	3	3675円
地域政治社会 　形成史の諸問題	上　野　利　三　著	4	3150円
21世紀地方都市の活性化 松阪市と小田原市の比較研究	阪　上　順　夫　著	5	4725円